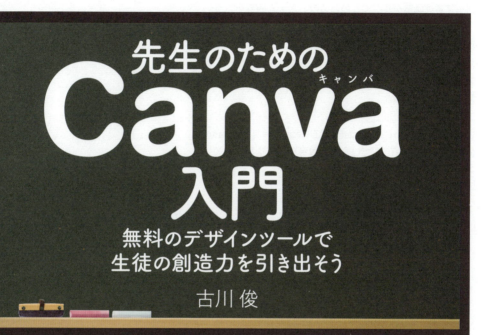

著者プロフィール
古川 俊 (ふるかわ すぐる)

日本教育大学院大学修了後、私立中高数学教師として4年間、私立小学校教師として5年間教職を勤める。2019年にGoogle for Education認定イノベーターを取得し、経産省実証事業で17自治体とGoogle Workspaceを活用したオンライン学習の出席・学習評価モデルづくりのためのシステム設計を行う。

2021年より小学校講師、高校ICT活用アドバイザー、大学講師、企業へのDX推進アドバイザーなど、幅広くAIやICTの普及活動を行なっており、「いちばんやさしいGoogle Classroomの教本」等書籍多数。

2024年にEmpower Canvassador及びTeacher Canvassadorに認定される。YouTubeでは企業や教育現場で活用されているAI・ICTツールについて解説している。

AI・ICT活用チャンネル
https://www.youtube.com/@suguru_sensei

本書は、教育版Canvaについて、2024年8月時点での情報を掲載しています。
本文内の製品名およびサービス名は、一般に各開発メーカーおよびサービス提供元の登録商標または商標です。
なお、本文中にはTMおよび®マークは明記していません。

はじめに

　正直なところ、私はデザインが得意ではありませんでした。プレゼンテーション資料を作るたびに、理想のクオリティに到達できず、時間だけが無駄に過ぎていくことに悩んでいました。しかし、そんな私のデザインに対する考え方を一変させたのが、Canvaというツールとの出会いでした。

　Canvaは、初心者からプロフェッショナルまで、誰でも簡単に高品質なデザインを作成できるツールです。豊富なテンプレートと素材が揃っており、直感的な操作で、驚くほど美しい資料やポスターを瞬時に作成できます。その手軽さと機能の充実ぶりに、私はすぐに魅了され、デザインが楽しいと感じるようになりました。

　しかし、Canvaの真の魅力は、その手軽さだけに留まりません。プロのデザイナーが利用するレベルのツールでありながら、小学生でも簡単にクオリティの高い成果物を作成できるのです。さらに、ディスカッションや動画作成など、教育現場で幅広く活用できる点も見逃せません。

　この本の大きな魅力は、現役の小学校教員で図工専科の岩本紅葉先生が提供するデザインテンプレートを通じて、学校で即実践できるデザインスキルを習得できる点です。さらに、多くのパソコン書を手がけてきたインプレスの荻上徹さんが、初心者にもわかりやすい配置や補足説明を加えることで、再現性の高い内容に仕上げています。加えて、12名の教員によるCanvaの実践事例も掲載されており、現場での具体的な活用方法を学ぶことができます。

　Canvaを授業で活用すれば、教師は短時間で質の高い教材を作成でき、生徒たちは楽しみながらデザインの基礎を学ぶことができます。これは、未来の社会で求められるスキルを身につけるための、貴重なチャンスとなるでしょう。

　この本を手に取ったあなたは、Canvaがもたらす無限の可能性をすでに感じているはずです。デザインに苦手意識を持つ方も、この本のレッスンを順に進めることで、校務や授業でCanvaを自在に使いこなせるようになります。あなたの教室を、創造性の宝庫へと変えていきましょう。

2024年8月　古川俊

この本の読み方

「先生のためのCanva入門」は、Canvaを初めて使う人が迷わないように、詳しい説明と操作解説でアプリの使い方や実践事例を紹介しています。

「何が作れるか」がわかる！

各章の先頭のページでは、Canvaを使ってどのような掲示物や教材が作れるのかを大きな画面で解説しています。章ごとに操作のテーマを設定して、無理なくレベルアップできるように構成しています。

タイトル
レッスンの目的をわかりやすくまとめています。

レッスンのポイント
このレッスンを読むとどうなるのか、何に役立つのかを解説しています。

この章のサンプル
この章で完成させるデザインや、操作を学ぶためのサンプルなどをダウンロードできます。リンク先の［ダウンロード］をクリックするか、QRをスマートフォンなどで読み取ってください。

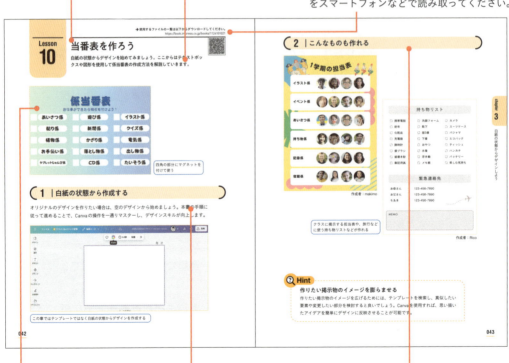

作例
この章で作るものを紹介します。教材や掲示物など、すぐに役立つものを集めました。

本文
Canvaを使ってできることや、この章で何を学ぶかを丁寧に解説しています。

こんなものも作れる
この章で学ぶことを活用して作れるデザインの実践例を紹介しています。

「どう作るか」がわかる！

レッスンごとに詳しい操作を解説し、掲示物や教材を仕上げていく方法を紹介しています。また、Canvaを授業で使う方法や、生徒を参加させる方法も詳しく解説します。

見出し
本文や操作の概要を短くまとめています。

解説
掲操作を行う際の注意点や便利なショートカットキーを紹介しています。

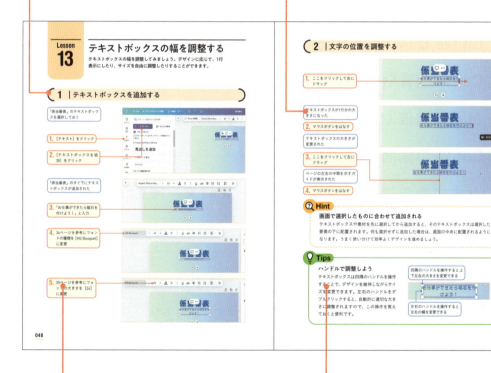

手順
番号順に操作をしていくことで、掲載されている画面を再現できます。

Hint、Tipsなど
レッスンに関係する知識や知っておくと役立つ操作、応用して作れるデザインなどをコラムで解説しています。

005

先生のためのCanva入門　目次

著者プロフィール／本書の前提 …………………………… 002
はじめに ……………………………………………………… 003
この本の読み方 ……………………………………………… 004

第1章　Canvaを始めよう …………… 013

| Lesson 01 | Canvaとは …………………………………………………… 014
| Lesson 02 | Canva教育版に申請するには ……………………………… 016
| Tips | 自治体単位での申請と個人での申請の違い …………… 023
| Lesson 03 | Canvaの画面を確認しよう ………………………………… 024
| 活用事例 | おすすめのフォントとデザイン　渡邉友紀子（ゆきこ先生） …… 026

第2章　テンプレートからデザインを作るには …………… 027

| Lesson 04 | Classroomのヘッダーを作ろう …………………………… 028
| Lesson 05 | テンプレートを検索する …………………………………… 030
| Lesson 06 | 文字を修正する ……………………………………………… 032

Lesson 07	フォントの種類と大きさを変える	034
Arrange	いろいろなフォントを試してみよう	035
Lesson 08	フォントの色を変更する	036
Tips	ガイドを活用しよう	036
Lesson 09	ヘッダーをダウンロードする	038
活用事例	テンプレートでらくらく完成！ にこ先生	040

第3章 白紙の状態からデザインしよう … 041

Lesson 10	当番表を作ろう	042
Lesson 11	背景をグラデーションにする	044
Lesson 12	見出しを入力する	046
Lesson 13	テキストボックスの幅を調整する	048
Tips	ハンドルで調整しよう	049
Lesson 14	文字にエフェクトをかける	050
Arrange	いろいろなエフェクトを試してみよう	051
Lesson 15	図形を追加する	052
Lesson 16	図形の大きさを調整する	054
Lesson 17	図形を複製する	056

💡 Tips	効率良く複製するには	······	057
Lesson 18	図形を等間隔に配置する	······	058
💡 Tips	余分な図形を選択したときは	······	059
💡 Tips	配置用の画面を表示するには	······	060
Lesson 19	係の名前を変更する	······	062
💡 Tips	文字が入り切らない場合は	······	063
Arrange	色の組み合わせを変えてみよう	······	063
活用事例	高等部の生徒によるポスター作成　埼玉県特別支援学校 関口あさか	······	064

第4章　表の機能を使ってデザインしよう …… 065

Lesson 20	時間割カードを作ろう	······	066
Lesson 21	イラストを追加する	······	068
Lesson 22	表を追加する	······	074
Lesson 23	表に着色する	······	076
Lesson 24	教科名を作成する	······	078
Lesson 25	イラストを追加する	······	080
Lesson 26	他の教科を作成する	······	082
Arrange	表に直接入力しても作成できる	······	086

Tips	罫線の種類を変更するには ……………………………………… 086
Tips	セルの選択方法を覚えよう ……………………………………… 087
活用事例	センスのいい学級通信を素早く作れる　大阪府公立小学校 柴田大翔 …… 088

第5章 プレゼンテーション資料を作ろう …… 089

Lesson 27	自己紹介シートを作ろう ……………………………………… 090
Lesson 28	画像をアップロードする ……………………………………… 092
Lesson 29	画像を挿入する ……………………………………………… 094
Lesson 30	画像にフレームを付けて配置する …………………………… 096
Lesson 31	フレーム内の画像を調整する ………………………………… 098
Lesson 32	画像の背景を削除する ………………………………………… 100
Tips	後ろにあるアイテムを選択するには ………………………… 101
Tips	[マジック切り抜き] を試してみよう ………………………… 102
Tips	[フィルター] や [エフェクト] を試してみよう …………… 103
Lesson 33	プレゼンテーションに動きを追加する ……………………… 104
Arrange	素材は写真の上にも配置できる ……………………………… 105
Lesson 34	ページを切り替える際の動きを設定する …………………… 108
Tips	[アニメート] との違い ……………………………………… 108

Lesson 35	プレゼンテーションをしてみよう	110
Tips	マジックショートカットで賑やかに演出しよう	114
Tips	スマートフォンで画面を操作しよう	114
Tips	［プレゼンと録画］で練習しよう	115
活用事例	スライドを国語の授業で活用　熊本県公立小学校 高森崇史	116

第6章 相互評価の授業に役立てよう …… 117

Lesson 36	生徒をCanvaに参加させよう	118
Lesson 37	生徒をCanvaに招待する	120
Lesson 38	教材を準備する	124
Lesson 39	デザインを［課題］に設定する	126
Tips	［コラボレーションリンク］で共有するには	127
Lesson 40	Google Classroomの［課題］を設定する	128
Lesson 41	デザインを共有して授業を始める	132
Lesson 42	相互評価の方法を説明する	134
Tips	ページを一覧で表示できる	135
Lesson 43	共有したデザインを編集不可にする	136
Tips	［アプリ］の［一括作成］を使ってみよう	137

| 活用事例 | 社会科でホワイトボードを活用　岡山県公立小学校 的場功基 ……… 138
| 活用事例 | 情報の授業で生徒の意見を集約　埼玉県さいたま市立美園南中学校　宮内智 …… 139
| 活用事例 | 生徒がインフォグラフィックを作成　静岡県私立高等学校 吉川牧人 …… 140

第7章 ホワイトボードを授業で活用しよう …… 141

| Lesson 44 | ホワイトボードの機能を活かそう ……… 142
| Lesson 45 | 教材の準備をする ……… 144
| Lesson 46 | 教材にYouTube動画を挿入する ……… 146
| Lesson 47 | 授業で動画を視聴する ……… 148
| Lesson 48 | プレゼンテーションをホワイトボードに展開する ……… 150
| Tips | ホワイトボードを折りたたむには ……… 150
| Tips | 不要な付箋を削除しておく ……… 151
| Lesson 49 | 付箋を並べ替える ……… 152
| Tips | ［各生徒用の新しいデザイン］を使うには ……… 154
| 活用事例 | 時間と場所が自由な学級会開催　埼玉県公立小学校 大野翔 ……… 155
| 活用事例 | 付箋の並べ替えで観点を整理　大阪府公立中学校 藤井海 ……… 156

第8章 便利な機能を使ってみよう …… 157

- Lesson 50　最新機能やAIを使ってみよう …… 158
- Lesson 51　ドキュメントを使ってみよう …… 160
- Tips　チェックリストに変更するには …… 162
- Tips　文字の間隔を変更するには …… 163
- Lesson 52　ビジュアルを強化する …… 164
- Lesson 53　マジック変換を使ってみよう …… 166
- Lesson 54　お絵描き機能を使ってみよう …… 168
- Tips　ペンの色や太さを変更してみよう …… 168
- Lesson 55　AIを活用しよう …… 170
- Lesson 56　プレゼンテーションの活用ワザ …… 174
- Tips　[新しいレッスン]を試してみよう …… 176
- 活用事例　生徒と一緒に動画を作成　大阪府公立小学校 恩地麻里 …… 177
- 活用事例　クラス専用のWebサイトを作成　神奈川県公立小学校 岡田太郎 …… 178

付録　テンプレート一覧 …… 179

索引 …… 189

スタッフリスト …… 191

第 1 章
Canvaを始めよう

この章では、Canvaでどのようなことができるかや、校務や授業でどのように活用できるのかについてイメージし、教育版に申請するための手順について解説します。

Lesson 01 Canvaとは

Canvaではどのようなことができるのでしょうか。作成可能なデザインの種類と活用方法を具体的にイメージしましょう。

1 | 誰でも簡単にデザインを作成できる

Canvaは、誰でも簡単にデザインを作成できるオンラインの無料グラフィックデザインツールです。80万点のテンプレートと1億点以上の素材が提供されていて、ドラッグ＆ドロップの操作でデザインを作成できます。パソコン、スマートフォン、タブレットに対応していて、「Canvaプリント」で作成したデザインの印刷注文も可能です。Canvaでは、プロのデザイナーが手がけた名刺やチラシ、企画書、メッセージカード、SNSの投稿画像など、80万点もの高品質なテンプレートが利用できます。さらに、人物、フレーム、動物、年中行事・イベント、ビジネスなど、あらゆるジャンルの写真やイラスト、動画素材が1億点以上揃っているので、テンプレートを編集してオリジナルのデザインを簡単に作成できます。写真の編集やプレゼンテーションの作成はもちろん、動画作成やホームページの作成にも活用することができます。

名刺やポスターの作成に活用できる

2 | 生徒の創造性を刺激しよう

教師はCanvaを使用してプレゼンテーション、ポスター、インフォグラフィックスなど、さまざまな形式で魅力的なデザインの教材を簡単に作成でき、生徒の注意を引きつけることができます。Canvaの豊富なテンプレートと素材は、生徒が自分のデザインに使用でき、自分のアイデアを視覚的に表現するために、写真、イラスト、アイコン、グラフなども活用できます。また、1つのデザインを共同編集できるため、それぞれのページで課題に取り組み、友達の考え方を参考にアイデアを膨らませたり、相互評価のコメントを簡単に行ったりできます。グループに分かれて考察することや協力して作品作りを行うこともできます。Canvaの素材を検索する過程を通じて、自分のアイデアを具体化するためのさまざまな視覚的要素を探し出すことで、新しいインスピレーションを得られ、より創造的でユニークなデザインを生むことができます。

さまざまなデザインのテンプレートが利用できる

> **? Hint**
>
> ### Canva Educators Community に参加してみよう
> 2024年から日本各地でCEC（Canva Educators Community）が立ち上がり、現職教員による実践事例の共有や使い方を学ぶワークショップが開催されています。お近くのCECに参加して、活用のイメージを膨らませましょう。

Lesson 02 Canva 教育版に申請するには

現職の幼稚園/小学校/中学校/高等学校の教員は、Canva 教育版に申請して、すべての機能を無償で利用することができます。

1 | Canva のホームページを表示する

以下の URL を入力して Canva の
ホームページを表示しておく

Canva のホームページ
https://www.canva.com/ja_jp/

1. [すべての Cookie を許可する] をクリック

2. [登録] をクリック

❓ Hint

自治体で導入が進んでいる場合は

Canva 教育版に申請する方法には、個人での申請の他に、自治体単位での申請（私立学校の場合は学校単位）があります。既にお住まいの地域で自治体単位での申請が済んでいる場合は、このレッスンは読み飛ばして構いません。Google アカウントや Microsoft アカウントで Canva にログインできるよう管理者が設定しているため、アカウントの新規登録なしでログインすることができます。

2 | メールアドレスを登録する

登録用の画面が表示された

1. [メールアドレスで続行]をクリック

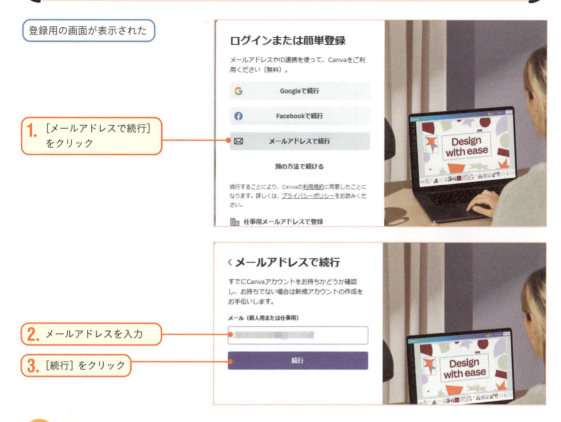

2. メールアドレスを入力
3. [続行]をクリック

🔍 Hint

GoogleやMicrosoftのアカウントでも登録できる

GoogleやMicrosoftのアカウントを利用してCanvaアカウントを作成することができます。上図の登録用の画面で、[別の方法で続ける]を選択することで、右図のように表示されます。[Googleで続行]や[Microsoftで続行]を選択すると、アカウントの確認とパスワードが求められますので、入力してログインすることができます。この方法でログインした場合は、そのアカウントの名前が登録されます。

Google for EducationやMicrosoft Teams for Educationで使用しているアカウントを登録できる

3 | 名前を入力する

Canvaでの表示名は登録後に変更できる

1. 名前を入力
2. ［アカウントを作成する］をクリック

登録したメールアドレスに認証コードが送信された

3. コードを入力

入力後に画面が切り替わり登録が完了する

❓ Hint

このままでも使用できる

ここまでの手順で無料版のアカウント登録が完了しましたので、このままでも利用することが可能です。Canva教育版に申請するためには教員免許状などが必要になりますので、すぐに申請しない場合には、手順4の［教員］を選択した後で、［無料でCanva for Educationを申し込む］を［スキップ］しましょう。無料版では、利用できるテンプレートや素材、アプリなどに制限がありますので、注意して利用してください。

4 | 教員版の使用申請を行なう

続けて教員版を申請する

1. [教員] をクリック

2. 該当する教育機関をクリック

3. [続行] をクリック

4. [開始する] をクリック

入力後に画面が切り替わり登録が完了する

🔍 Hint

後で申請する場合は

[無料でCanva for Educationを申し込む] を [スキップ] した場合でも、後からいつでも申請が可能です。以下のページから、教師の [認証を受ける] をクリックして、申請を行うことができます。

https://www.canva.com/ja_jp/education/

5 | 詳細な情報を登録する

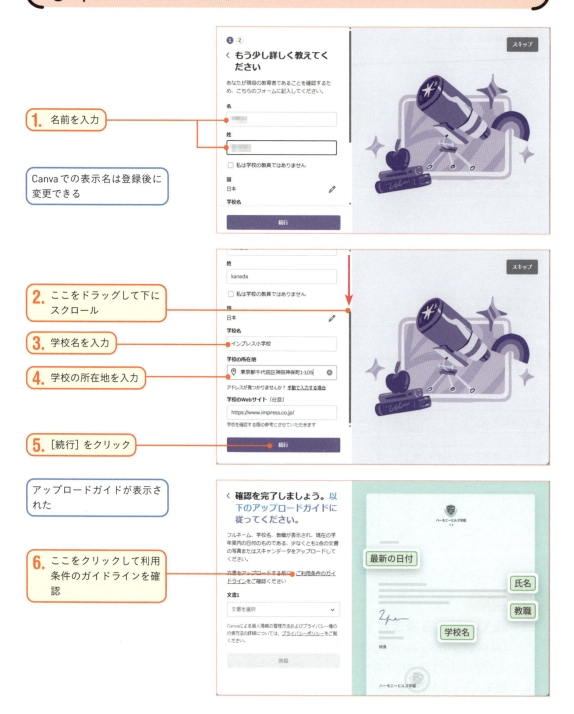

1. 名前を入力

Canvaでの表示名は登録後に変更できる

2. ここをドラッグして下にスクロール

3. 学校名を入力

4. 学校の所在地を入力

5. ［続行］をクリック

アップロードガイドが表示された

6. ここをクリックして利用条件のガイドラインを確認

6 | 必要な書類をアップロードする

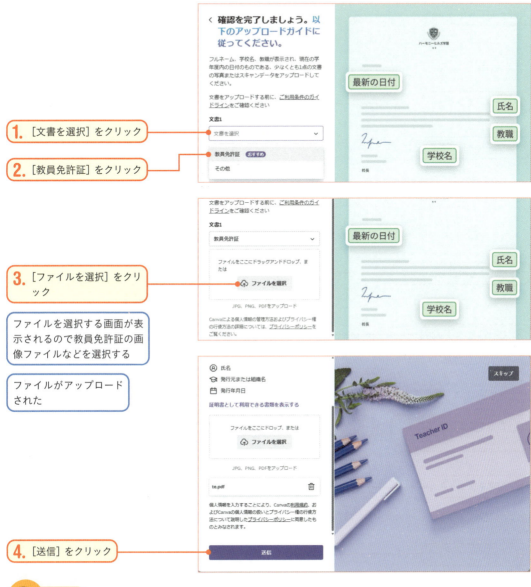

1. ［文書を選択］をクリック
2. ［教員免許証］をクリック
3. ［ファイルを選択］をクリック

ファイルを選択する画面が表示されるので教員免許証の画像ファイルなどを選択する

ファイルがアップロードされた

4. ［送信］をクリック

Hint

JPEG、PNG、PDFでアップロードする

アップロードできるファイル形式はJPEG、PNG、PDFのみで、それ以外の形式はエラーとなりますので注意しましょう。スマートフォンで撮影する場合は、これらの形式で設定して撮影するか、撮影後に変換してアップロードしましょう。

7 | アンケートに回答する

申請が完了した

1. ［完了］をクリック

アンケートが表示された

2. 該当する科目をクリック

3. ［続行］をクリック

4. 該当する教育機関をクリック

5. 学年をクリック

6. ［送信］をクリック

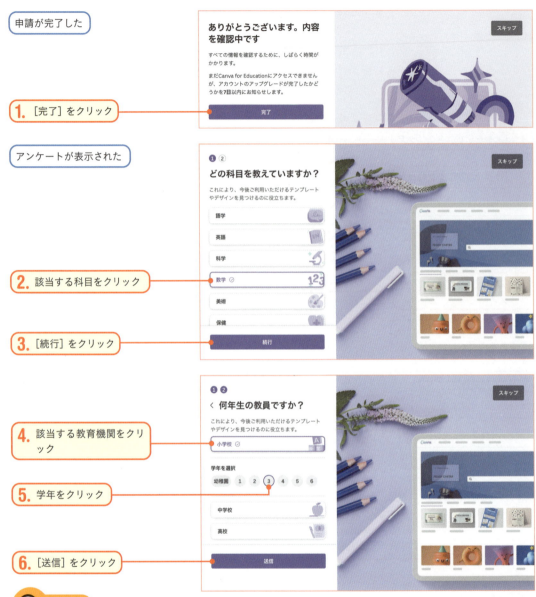

Hint

Canva教育版を利用できる期間

現職の幼稚園/小学校/中学校/高等学校の教員として在職している限り、Canva教育版を利用し続けることができます。Canva教育版のすべてのユーザーは、3年ごとに資格情報の再認証が必要になります。

8 | Canva教育版の利用を始める

Canvaによる承認が行われると画面に通知が表示される

1. ［続行］をクリック

生徒をクラスに招待する画面が表示された

2. ［後で］をクリック

次に表示される画面で後で招待しない理由などを選択する

💡 Tips

自治体単位での申請と個人での申請の違い

Canva教育版には、自治体単位での申請（私立学校の場合は学校単位）と個人での申請の2種類があります。どちらもテンプレートや素材、アプリなどを無制限に、無償でPro版と同様の機能を利用することができますが、一部の違いがあります。

1. 招待できる人数

自治体単位での申請では、利用できる人数に制限はありませんが、個人での申請は500人までとなっています。自分の担当する学年やクラスのみで活用する場合には十分ですが、学校全体で運用する場合には不足することもあるでしょう。

2. 管理できるアプリ

自治体単位での申請では、Canvaからアクセスできるアプリの制限が可能で、例えば生成AIを利用するアプリを自治体のポリシーによって制限することができます。個人での申請の場合は、生徒もすべての機能が利用可能になります。

また、個人での申請の場合、管理者がその先生となるため、クラス替えや移動に伴って年度更新が必要になります。まずは個人で申請して活用を進めながら、自治体単位での活用が広がるように、まわりの先生と協力して活用を推進していきましょう。

Lesson 03 Canvaの画面を確認しよう

2024年7月のアップデートでCanvaの画面が新しくなり、さらに使いやすくなりました。ホーム画面の構成を確認しておきましょう。

1 | 編集画面を表示する

空白の編集画面を表示する

[ホーム]画面を表示しておく

1. [プレゼンテーション]をクリック

空白の[プレゼンテーション]画面が表示された

ページをクリックすると左側の画面が非表示になる

プロジェクトから編集画面を表示する

一度作成したデザインを再利用できる

1. [プロジェクト]をクリック

2. 再利用したいデザインをクリック

続けて表示される画面でページをクリックする

2 ホーム画面に戻る

ホーム画面に戻る

1. [メニューを開く]をクリック

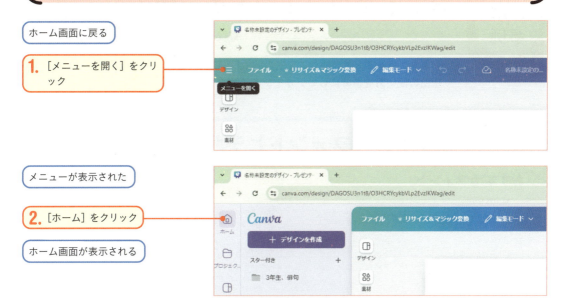

メニューが表示された

2. [ホーム]をクリック

ホーム画面が表示される

3 左右の画面を非表示にする

左右の画面が表示され、中央の画面が縮小されてしまった

1. ここにマウスカーソルを合わせる

2. [閉じる]をクリック

3. ここをクリック

左右の画面が非表示になった

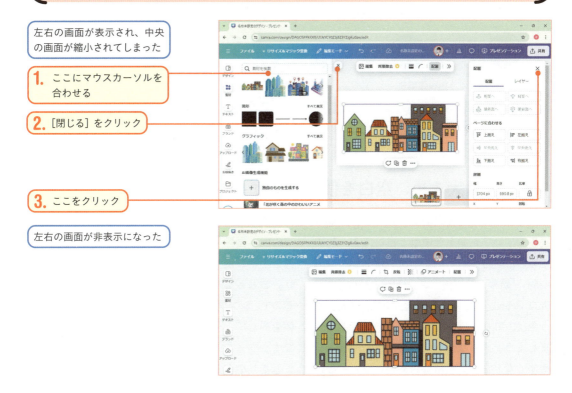

おすすめのフォントとデザイン

寄稿：渡邉友紀子（ゆきこ先生）

インスタグラムで人気のゆきこ先生の活用事例です。フォントの選び方や空白の使い方を参考にしてデザインを始めてみましょう。

おすすめのフォントとデザイン

おすすめフォント

<u>Noto Sans JP</u>
シンプルなゴシック体で見出しにも本文にも使いやすい！

<u>UD明朝</u>
明朝は読みづらいものも時々あるのでUD仕様のものを使うことが多いです

<u>Morisawa UD 新丸ゴ Pr6NL</u>
モリサワフォントはどれも見やすいので迷ったら使ってみてください！

<u>モトヤ教科書</u>
柔らかい手書きの雰囲気かつ学校らしさを出すときにおすすめです

<u>筑紫A丸ゴシック</u>
可愛らしい雰囲気もありながら読みやすさもあり使いやすいです

デザインで気をつけたいこと

色はなるべく3色＋強調色　　余白を大事に　　統一感も！

シンプルで見やすいものを選ぶのがポイント

フォントは大きめ、空白を使ったデザインが◎

見出しは、大きくて太いフォントを、文章は読みやすいフォントを使うと良いです。おすすめの日本語フォントは「Noto Sans JP」「UD明朝」「筑紫A丸ゴシック」「Morisawa UD 新丸ゴ Pr6NL」「モトヤ教科書」です。また、使う色は3色以内に抑え、全体に統一感をもたせましょう。大事な情報には強調色を使うと見やすくなります。背景は白や淡いグレーなどにすると、文字が読みやすくなります。その他、画像やイラストを配置するときは空白を上手に使って、見やすさを確保しましょう。ごちゃごちゃすると子どもたちも混乱するので、シンプルに仕上げるのがポイント。全体を通して、デザインの統一感はとても大切です。フォント、色、レイアウトを統一して、まとまりのあるデザインにしましょう！

第2章
テンプレートから
デザインを作るには

この章では、テンプレートを検索してデザインを作成し、ダウンロードするまでの方法と、テキストのフォントや色を変更する方法について解説します。

Lesson 04 Classroomのヘッダーを作ろう

→ 使用するファイルの一覧は以下からダウンロードしてください。
https://book.impress.co.jp/books/1124101021

豊富なテンプレートを活用してさっそくデザインを始めましょう。ここからはGoogle Classroomヘッダーの作成方法を解説していきます。

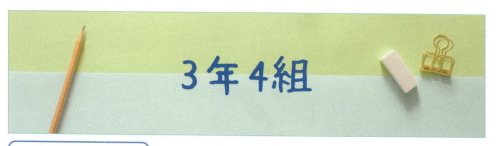

シンプルで飽きないデザインにまとめる

1 | テンプレートを検索してカスタマイズする

ワークシートや授業スライドを作成する際、キーワードでテンプレートを検索できます。テンプレートを活用すると時間を節約しながら魅力的なデザインが簡単に作成できます。

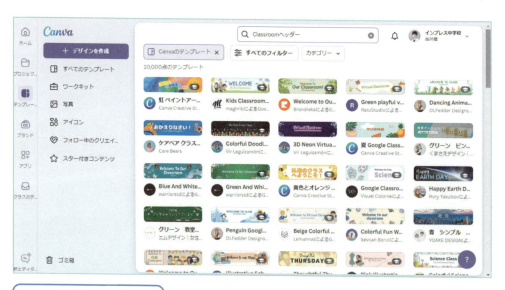

Canvaには豊富なテンプレートがジャンルごとに揃えられている

2 | こんなものも作れる

青山市立西川第二小学校

6年3組
佐々木 里桜
Sasaki Rio

生徒も使える名刺を作れる

作成者：Emma

説明会参加者さま

第一会議室は2F
です。

階段は
コチラです。

シンプルな案内図など
を作れる

作成者：haruiro

> ### 💡 Hint
> **複数のテンプレートをカスタマイズする**
> テンプレートを選ぶ際、「このテンプレートの背景は気に入ったが、素材は別のテンプレートを使いたい」と思うことがあります。その場合は、必要なテンプレートを開き、素材をコピーし、組み合わせてデザインを作成すると良いでしょう。

chapter 2 テンプレートからデザインを作るには

Lesson 05 テンプレートを検索する

ポスターや黒板といったデザインの目的やイメージに合ったキーワードを入力して、テンプレートを検索してみましょう。

1 | 検索用のキーワードを入力する

レッスン2を参考に[ホーム]を表示しておく

1. ここをクリック

2. 「Classroom ヘッダー」と入力

3. Enter キーを押す

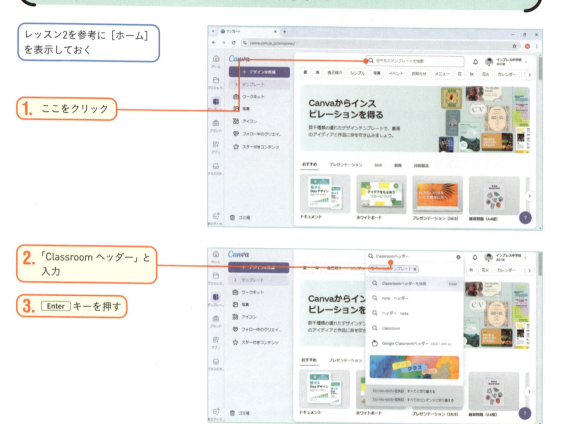

🔍 Hint

検索結果をフィルターする

検索結果を表示してから[すべてのフィルター]をクリックすると、[パステル]や[シンプル]などのスタイル、[ビジネス]や[教育]などのテーマから検索結果をさらに絞り込むことができます。学年、教科、カラーも選択可能ですので、使用したいテンプレートのイメージが決まっている場合は、フィルター機能を使ってテンプレートを探すと効率的です。

2 | テンプレートを選択する

テンプレートの検索結果が表示された

1. Google Classroomのヘッダーのテンプレートをクリック

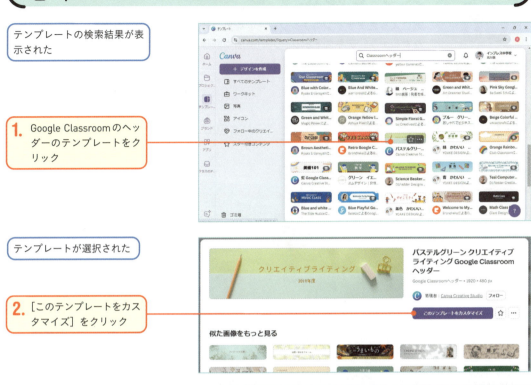

テンプレートが選択された

2. ［このテンプレートをカスタマイズ］をクリック

編集画面が表示された

Hint

他のテンプレートのフォントや色を利用する

デザインのタブから他のテンプレートを参照することができます。参考にしながらのカスタマイズはもちろん、［テキストのみ適用］や［カラーのみ適用］を選択して、フォントやカラーを反映させることもできます。

デザインを右クリックして、テキストやカラーのみを変更できます

chapter 2 テンプレートからデザインを作るには

Lesson 06

文字を修正する

気に入ったデザインのテンプレートを見つけたら、テキストを修正してみましょう。テキストボックスの追加や削除も可能です。

1 | テキストを選択する

1. 「クリエイティブライティング」の文字をクリック

テキストボックスが選択された

2. そのままクリック

テキストボックスが編集可能な状態になった

2 | テキストを変更する

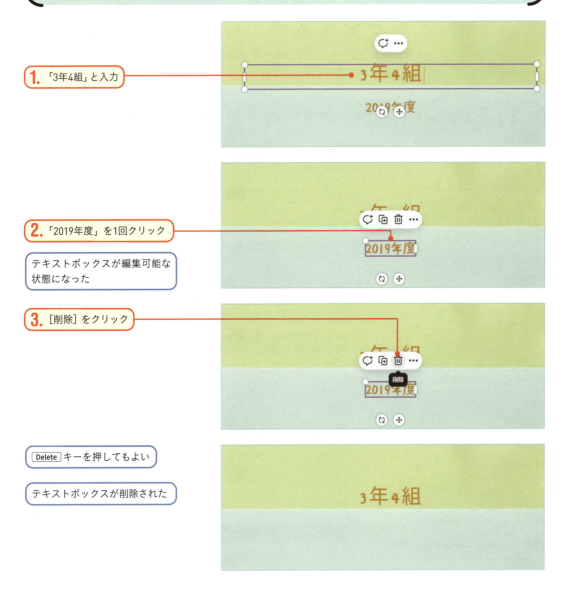

1. 「3年4組」と入力
2. 「2019年度」を1回クリック

テキストボックスが編集可能な状態になった

3. [削除]をクリック

[Delete] キーを押してもよい

テキストボックスが削除された

🔍 Hint

テキストボックスの操作に慣れよう

テキストボックスは1回クリックすることで選択され、削除、複製、大きさの変更、および移動が可能です。さらに、テキストボックスをもう一度クリックすると編集モードに入り、カーソルが表示され、テキストの入力や修正が行えます。

Lesson 07

フォントの種類と大きさを変える

テキストを入力したら目的に合わせてイメージに適したフォントを選択し、読みやすさを確保するために適切な大きさに調整しましょう。

1 | フォントの種類を変更する

1. 「3年4組」のテキストボックスをクリック
2. ここをクリック

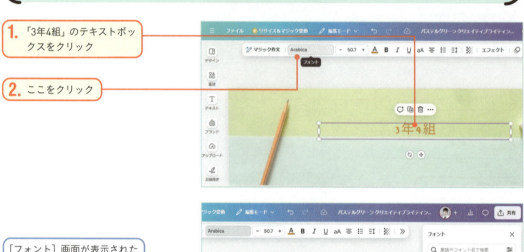

[フォント] 画面が表示された

3. [はなぞめ] をクリック

テキストボックスのフォントが [はなぞめ] に変更された

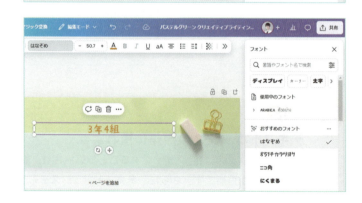

2 | フォントの大きさを変更する

1. ［フォントサイズ］をクリック

2. ［120］をクリック

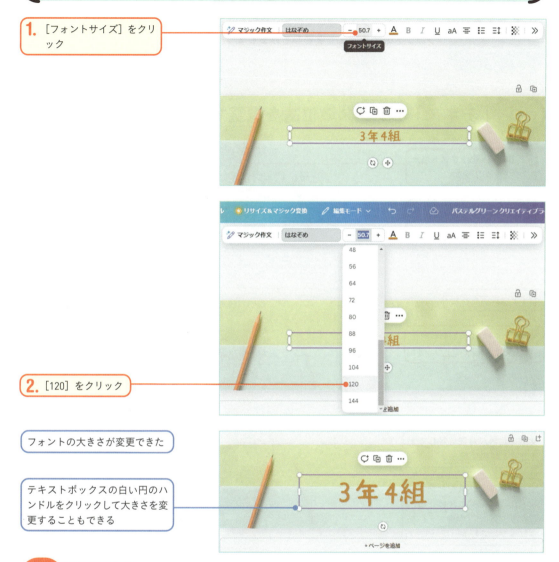

フォントの大きさが変更できた

テキストボックスの白い円のハンドルをクリックして大きさを変更することもできる

 **Arrange**

いろいろなフォントを試してみよう

例えば保護者会の説明スライドにはクリアな文字形のフォント、廊下の掲示にはカジュアルで個性的なフォントを使い、目的に応じたフォントを試してみましょう。

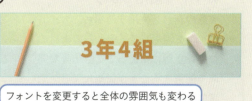

フォントを変更すると全体の雰囲気も変わる

Lesson 08 フォントの色を変更する

テキストボックスを適切な位置に調整し、豊富なカラーオプションからフォントの色を選んで変更してみましょう。

1 | テキストボックスの位置を調整する

1. 「3年4組」のテキストボックスをクリック
2. ここをクリックして上にドラッグ

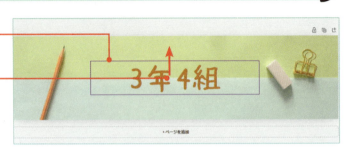

ガイドが表示された

3. ガイドの表示が十字形になるところまでドラッグ

文字の位置が背景に対して上下左右の中央に揃った

テキストボックスを右クリックして［ページに合わせる］をクリックし、［中央揃え］をクリックしてもよい

💡 Tips

ガイドを活用しよう

複数の素材を使用する場合、ガイドラインを活用して、それらの素材の位置を正確に揃えることや均等な間隔で配置することが簡単にでき、効率的なデザイン作業が可能です。

画面の要素に応じて様々なガイドが表示される

2 | フォントの色を変更する

1. [テキストの色] をクリック

色の一覧が表示された

2. ここをドラッグして下にスクロール

3. [コバルトブルー-#004aad] をクリック

「#」以降は16進数のカラーコードを意味している

フォントの色が変更された

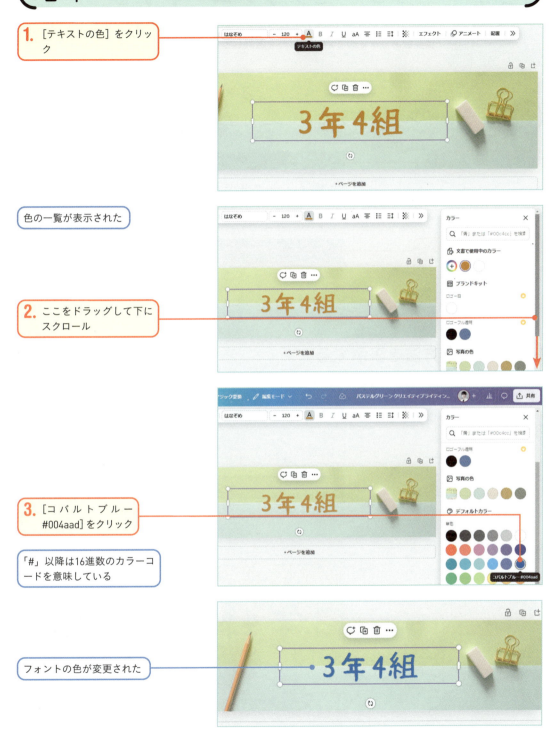

chapter 2 テンプレートからデザインを作るには

Lesson 09 ヘッダーをダウンロードする

完成したらダウンロードして利用しましょう。利用可能なファイル形式は多数ありますので適切なものを選択してください。

1 | デザイン名を変更する

1. ここをクリック

2. 「3年4組のヘッダー」と入力

デザイン名が変更された

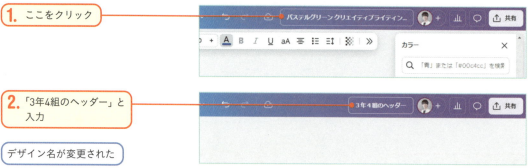

2 | 共有方法を表示する

1. [共有] をクリック

共有方法が表示された

3 | ダウンロードする

ファイル形式を指定してダウンロードする

1. ［ダウンロード］をクリック

ファイルの種類などが表示された

2. ［PNG］になっていることを確認

ここをクリックすると他のファイル形式を選択できる

3. ［ダウンロード］をクリック

ダウンロードが完了した

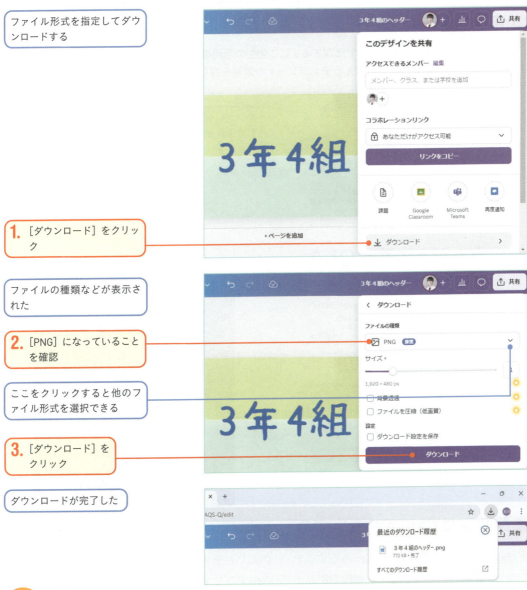

🔍 Hint

ダウンロードの設定を確認しよう

デザインに複数のページがある場合、ドロップダウンメニューからダウンロードするページを選択できます。また、ファイルの種類に応じて「背景透過」などのオプションやファイルサイズの変更も可能です。

活用事例

テンプレートでらくらく完成！

寄稿：にこ先生

インスタグラムで活躍する、にこ先生の活用事例です。保健だよりや保健室の掲示に使えるテンプレートや素材を探してみましょう。

テンプレートをアレンジするだけで目を引くデザインができあがる

Webでそのまま配信できるので大幅な時短に繋がっている

業務改善に Canva がおすすめ

普段は全国の養護教諭向けに Canva を中心とした ICT 研修を行っています。養護教諭にとっては、まだまだ ICT 活用の過渡期なところもありますが、私は、Canva を使うことで楽しみながら ICT の第一歩を踏み出せている方をたくさん見てきました。

特に Canva を使った保健だより作成は、業務改善に繋がる一歩として最適！ 最近は「おたより」を Web で配信する学校も多いので、Web アプリである Canva との相性は抜群です。何より Canva には豊富なテンプレートが揃っているので、気に入ったものを選んでアレンジすれば一瞬で目を引くデザインが完成します。養護教諭は1人で全校児童生徒に対応するため、掲示物をすぐに作れるのはありがたく、大幅な業務改善に繋がっています。

第3章
白紙の状態からデザインしよう

この章では、テキストボックスや図形を挿入して、当番表を作る手順をもとに、オリジナルのデザインを作成する方法について解説します。

chapter
3

Lesson 10 当番表を作ろう

➔ 使用するファイルの一覧は以下からダウンロードしてください。
https://book.impress.co.jp/books/1124101021

白紙の状態からデザインを始めてみましょう。ここからはテキストボックスや図形を使用して係当番表の作成方法を解説していきます。

四角の部分にマグネットを付けて使う

1 | 白紙の状態から作成する

オリジナルのデザインを作りたい場合は、空のデザインから始めましょう。本書の手順に従って進めることで、Canvaの操作を一通りマスターし、デザインスキルが向上します。

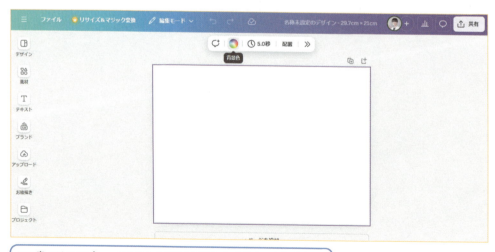

この章ではテンプレートではなく白紙の状態からデザインを作成する

2 | こんなものも作れる

作成者：makimo

> クラスに掲示する担当表や、旅行などに使う持ち物リストなどが作れる

作成者：Rico

chapter 3 白紙の状態からデザインしよう

💡 Hint
作りたい掲示物のイメージを膨らませる

作りたい掲示物のイメージを広げるためには、テンプレートを検索し、真似したい要素や変更したい部分を検討すると良いでしょう。Canvaを使用すれば、思い描いたアイデアを簡単にデザインに反映させることが可能です。

Lesson 11 背景をグラデーションにする

用紙の大きさを設定して背景の色を変更する手順を確認しましょう。色を追加してオリジナルのグラデーションを設定してみてください。

1 │ 用紙の大きさを設定する

レッスン2を参考にCanvaのホームページを表示しておく

1. [カスタムサイズ] をクリック
2. ここをクリック
3. [cm] をクリック
4. 「29.7」と入力
5. 「21」と入力
6. [新しいデザインを作成] をクリック

ワークシート（A4横）を選択しても良い

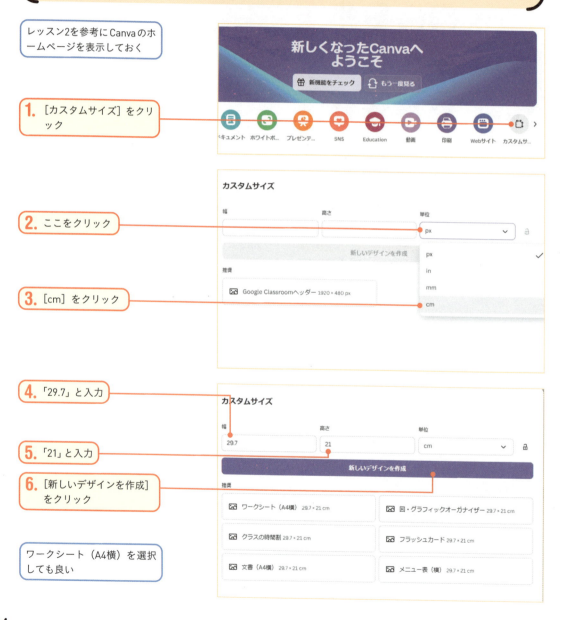

044

2 | 背景の色を変更する

白紙のページが表示された

1. ［背景色］をクリック

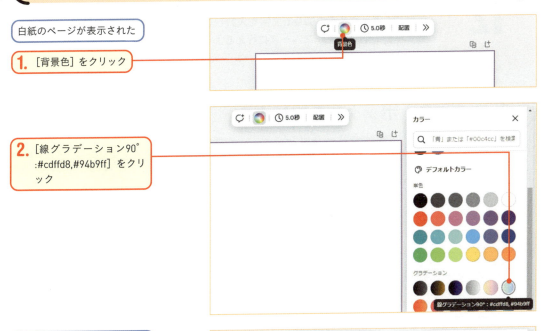

2. ［線グラデーション90°:#cdffd8,#94b9ff］をクリック

背景にグラデーションが適用された

🔍 Hint

任意の色でグラデーションを作るには

背景色の設定後に［新しいカラーを追加］をクリックして［グラデーション］をクリックすると、カラーの追加や削除の他、スタイルを選択してオリジナルのグラデーションを作成できます。また、背景だけでなく、図形や表のセル、フレームにもグラデーションを設定可能です。

グラデーションのスタイルも変更できる

Lesson 12 見出しを入力する

テキストボックスを追加して文字を入力します。テキストボックスの編集と移動の切り替えがスムーズに行えるようにしましょう。

1 | テキストボックスを追加する

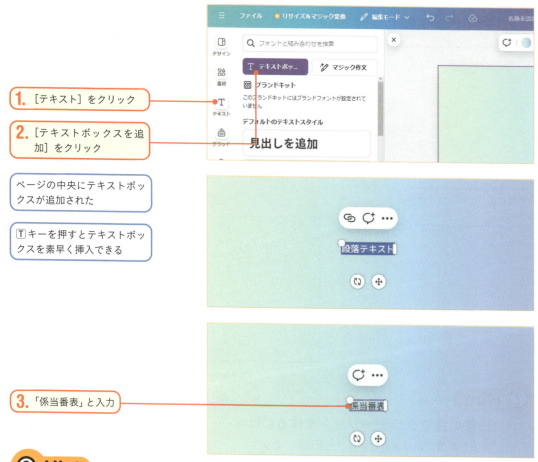

1. [テキスト]をクリック
2. [テキストボックスを追加]をクリック

- ページの中央にテキストボックスが追加された
- Tキーを押すとテキストボックスを素早く挿入できる

3. 「係当番表」と入力

> **Hint**
> **テキストスタイルも活用しよう**
> [デフォルトのテキストスタイル]には、フォントや文字サイズが事前に設定された[見出し][小見出し][本文]が含まれています。これらを利用することで、効率的に見やすい文書を作成することが可能です。

2 | テキストボックスを移動する

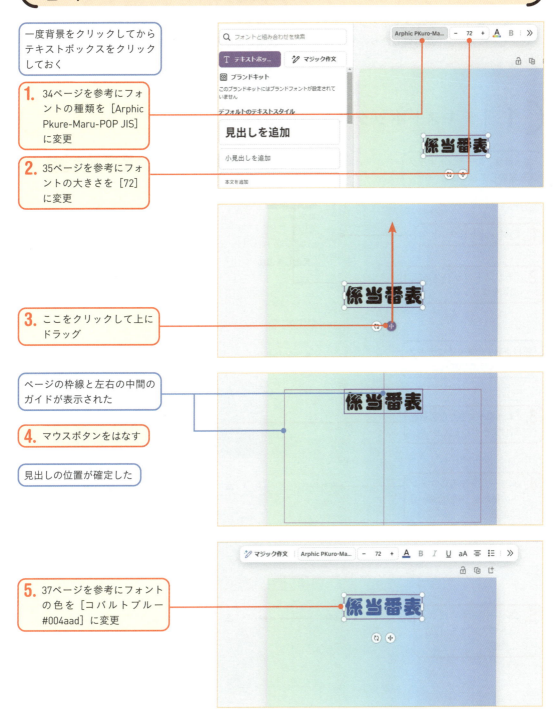

一度背景をクリックしてから
テキストボックスをクリック
しておく

1. 34ページを参考にフォントの種類を［Arphic Pkure-Maru-POP JIS］に変更

2. 35ページを参考にフォントの大きさを［72］に変更

3. ここをクリックして上にドラッグ

ページの枠線と左右の中間のガイドが表示された

4. マウスボタンをはなす

見出しの位置が確定した

5. 37ページを参考にフォントの色を［コバルトブルー #004aad］に変更

Lesson 13 テキストボックスの幅を調整する

テキストボックスの幅を調整してみましょう。デザインに応じて、1行表示にしたり、サイズを自由に調整したりすることができます。

1 | テキストボックスを追加する

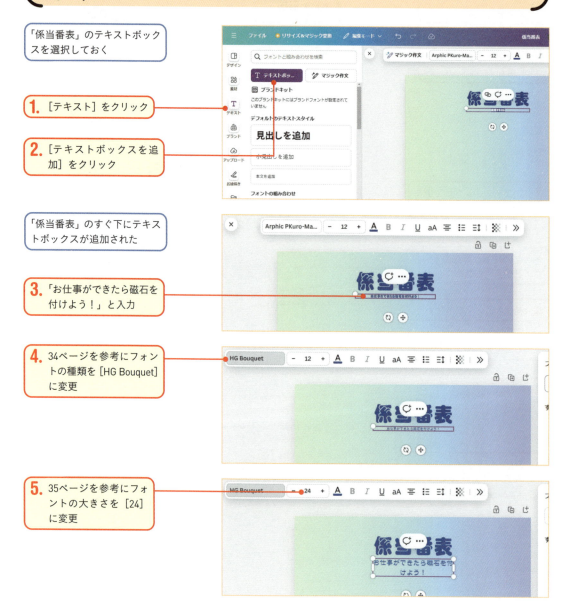

「係当番表」のテキストボックスを選択しておく

1. [テキスト] をクリック
2. [テキストボックスを追加] をクリック

「係当番表」のすぐ下にテキストボックスが追加された

3. 「お仕事ができたら磁石を付けよう！」と入力
4. 34ページを参考にフォントの種類を [HG Bouquet] に変更
5. 35ページを参考にフォントの大きさを [24] に変更

2 | 文字の位置を調整する

1. ここをクリックして右にドラッグ

テキストボックスが1行分の大きさになった

2. マウスボタンをはなす

テキストボックスの大きさが変更された

3. ここをクリックして左にドラッグ

ページの左右の中間を示すガイドが表示された

4. マウスボタンをはなす

🔍 Hint

画面で選択したものに合わせて追加される

テキストボックスや素材を先に選択してから追加すると、そのテキストボックスは選択した要素の下に配置されます。何も選択せずに追加した場合は、画面の中央に配置されるようになります。うまく使い分けて効率よくデザインを進めましょう。

💡 Tips

ハンドルで調整しよう

テキストボックスは四隅のハンドルを操作することで、デザインを維持しながらサイズを変更できます。左右のハンドルをダブルクリックすると、自動的に適切な大きさに調整されますので、この操作を覚えておくと便利です。

四隅のハンドルを操作すると上下左右の大きさを変更できる

左右のハンドルを操作すると左右の幅を変更できる

chapter 3 白紙の状態からデザインしよう

Lesson 14 文字にエフェクトをかける

文字を装飾してみましょう。[エフェクト]を使うことで、テキストを目立たせることやデザインに合わせた表現ができます。

1 | 文字に影を付ける

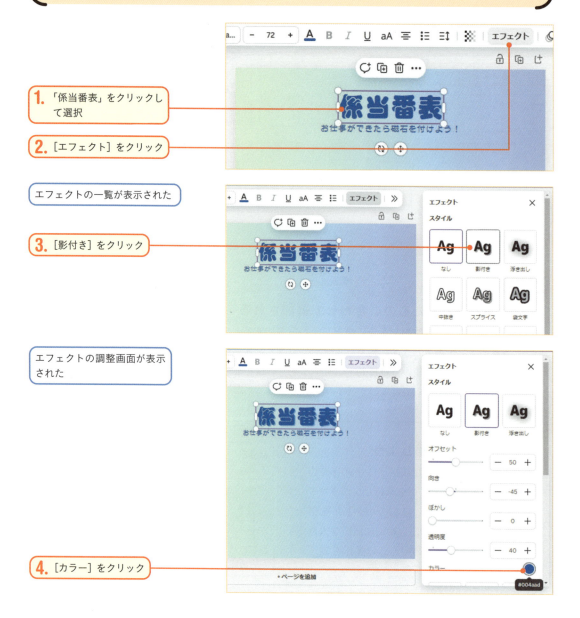

1. 「係当番表」をクリックして選択
2. [エフェクト]をクリック

エフェクトの一覧が表示された

3. [影付き]をクリック

エフェクトの調整画面が表示された

4. [カラー]をクリック

2 | 影の色を変更する

色の一覧が表示された

1. ここをドラッグして下にスクロール
2. [ダークグレー #545454]をクリック

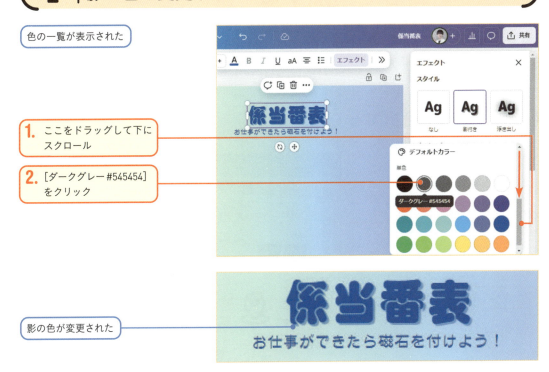

影の色が変更された

🔄 Arrange

いろいろなエフェクトを試してみよう

太さや向きを調整できるエフェクトもあります。[背景]のエフェクトは、テキストを目立たせるためによく利用されます。カラーや透明度も合わせて調整してみましょう。

[スプライス]を適用

[袋文字]を適用

[グリッチ加工]を適用

[背景]を適用

chapter 3 白紙の状態からデザインしよう

Lesson 15 図形を追加する

長方形や円、星形、矢印などの図形を追加して色や大きさを変更してみましょう。図形は後から別の形に置き換えることもできます。

1 │ 図形を選択する

1. ［素材］をクリック

素材の一覧が表示された

2. ［すべて表示］をクリック

図形の一覧が表示された

3. ドラッグして下にスクロール

4. ここをクリック

Rキーを押すと四角形、Cキーを押すと円を挿入できる

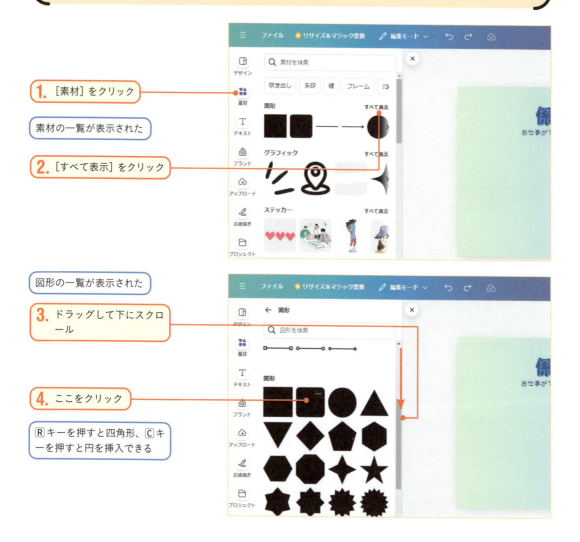

2 | 図形の色を変更する

図形がページの中央に配置された

1. ［カラー］をクリック

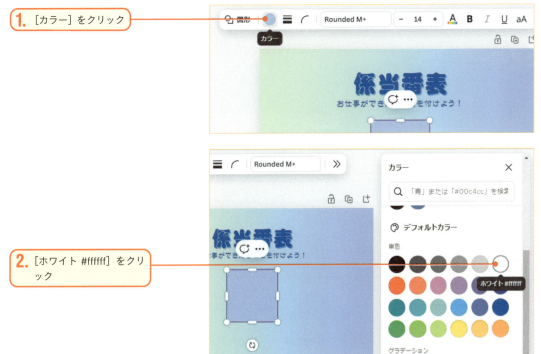

2. ［ホワイト #ffffff］をクリック

図形の色が変更された

Lesson 16 図形の大きさを調整する

図形にも文字を入れることができます。テキストボックスと同様に、フォントや文字の大きさを変更したり、移動したりできます。

1 | 係の名前を入力する

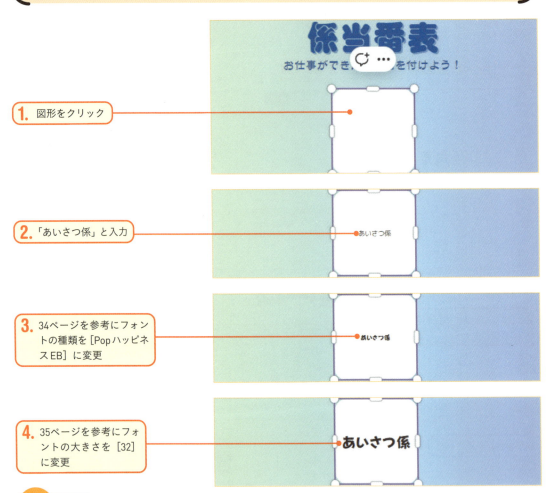

1. 図形をクリック
2. 「あいさつ係」と入力
3. 34ページを参考にフォントの種類を［Popハッピネス EB］に変更
4. 35ページを参考にフォントの大きさを［32］に変更

Hint
テキストボックスとの違いに注意しよう

図形を選択すると、塗りつぶしの色や枠線を設定できます。一方で、テキストを縦書きにすることやエフェクトをかけることはできません。

2 | 図形の大きさと位置を変更する

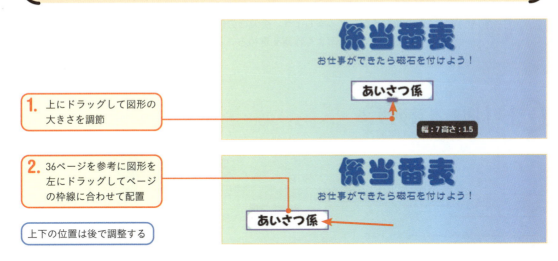

1. 上にドラッグして図形の大きさを調節

2. 36ページを参考に図形を左にドラッグしてページの枠線に合わせて配置

上下の位置は後で調整する

3 | 四角形を追加する

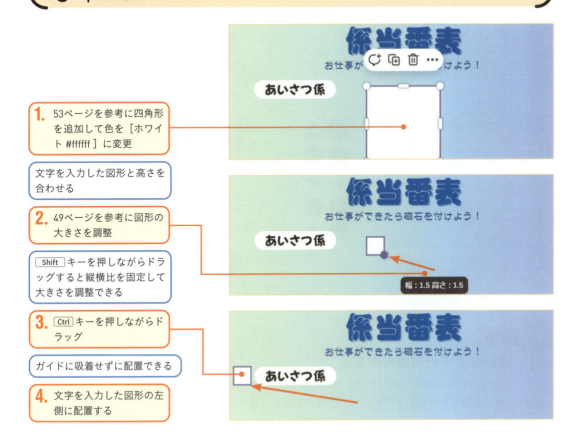

1. 53ページを参考に四角形を追加して色を［ホワイト #ffffff］に変更

文字を入力した図形と高さを合わせる

2. 49ページを参考に図形の大きさを調整

[Shift]キーを押しながらドラッグすると縦横比を固定して大きさを調整できる

3. [Ctrl]キーを押しながらドラッグ

ガイドに吸着せずに配置できる

4. 文字を入力した図形の左側に配置する

Lesson 17 図形を複製する

図形の複製を試してみましょう。複製後の位置揃えのテクニックを確認しておくことで、効率よく作業を進めることができます。

1 │ 図形を整列する

1. 図形をクリック
2. [Shift]キーを押しながら文字を入れた図形をクリック

図形を追加選択できる

上下の位置は後で調整する

3. [もっと見る]をクリック
4. [素材を整列させる]をクリック
5. [中央揃え]をクリック

図形の上下の位置が揃った

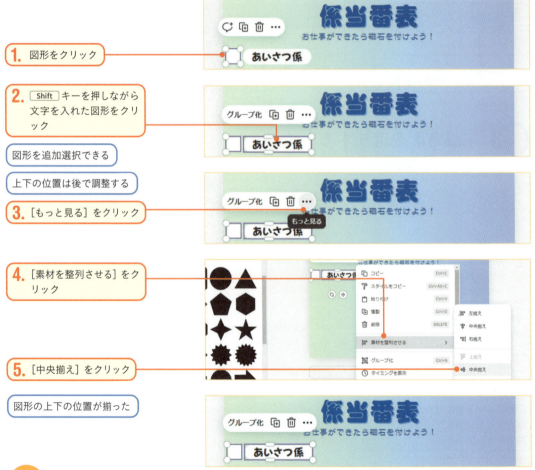

? Hint

図形の上下の位置を揃える

デザインの中に多くの素材が含まれていると、ガイドがたくさん表示されてしまいますが、[素材を整列させる]を利用して、複数の素材を正確に整列させることができます。

2 | 図形を複製する

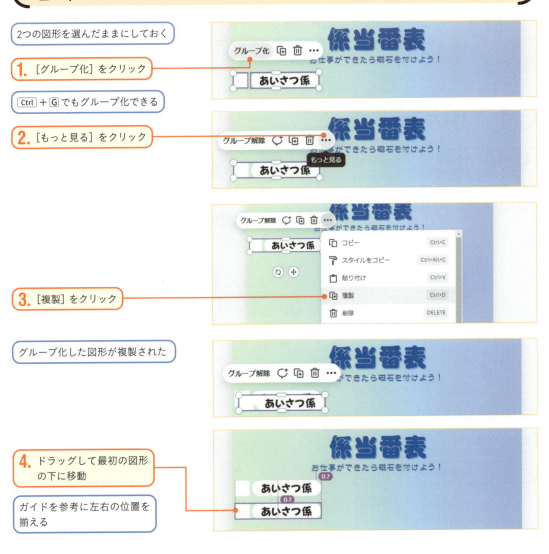

2つの図形を選んだままにしておく

1. [グループ化] をクリック

Ctrl + G でもグループ化できる

2. [もっと見る] をクリック

3. [複製] をクリック

グループ化した図形が複製された

4. ドラッグして最初の図形の下に移動

ガイドを参考に左右の位置を揃える

💡 Tips

効率よく複製するには

素材を選択して Ctrl キーを押しながら D キーを押すと素材を1回複製できます。また、素材を選択して Alt キーを押しながらドラッグすると、複製と移動が同時に行えます。

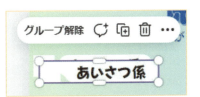

Ctrl + D で素材を複製できる

Lesson 18 図形を等間隔に配置する

図形を複製して等間隔に配置していきます。複数の素材を選択する方法や均等に整列させるポイントを把握しておきましょう。

1 | 1行分複製する

1. 複製した図形をクリック
2. [もっと見る] をクリック

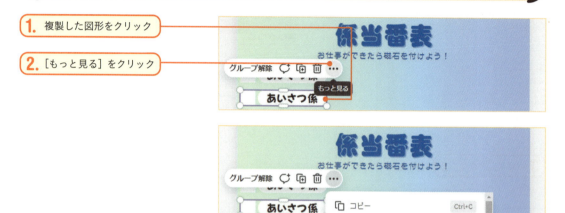

3. [複製] をクリック

等間隔で複製された

続けてさらに2回複製する

係の項目を5つ作成できた

2 | 図形を整列する準備をする

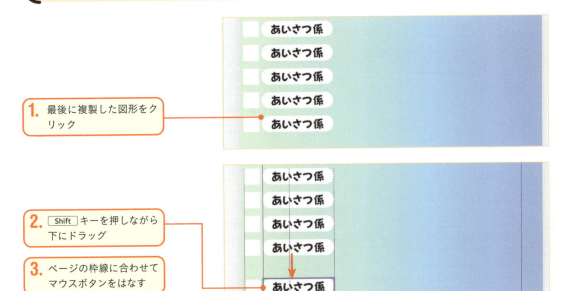

1. 最後に複製した図形をクリック
2. Shift キーを押しながら下にドラッグ
3. ページの枠線に合わせてマウスボタンをはなす

3 | 図形をまとめて選択する

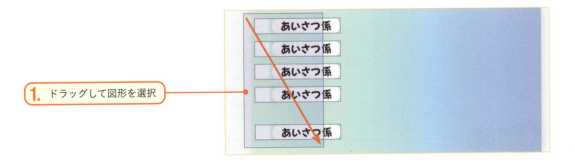

1. ドラッグして図形を選択

💡 Tips

余分な図形を選択したときは

ドラッグして図形をまとめて選択すると、余計な図形も選択してしまうことがあります。その場合は、Shift キーを押しながらその図形をクリックすると、選択が解除されます。

Shift キーを押しながら除外したい図形をクリックする

4 | 図形を整列する

図形がまとめて選択された

1. ［もっと見る］をクリック

2. ［均等配置］をクリック

3. ［整列する］をクリック

図形が等間隔に整列した

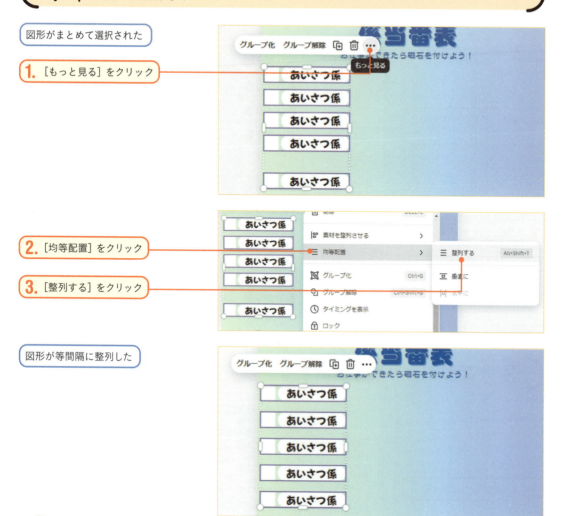

💡 Tips

配置用の画面を表示するには

素材を選択して［配置］をクリックすると、配置やレイヤーを細かく調整する画面が表示されます。素材が1つの場合はデザインページを基準にした［ページに合わせる］、複数の場合は選択されたすべての素材の位置を基準にした［素材を整列させる］が表示されます。

［配置］をクリックすると左側に専用の画面が表示される

060

5 | 3列分複製する

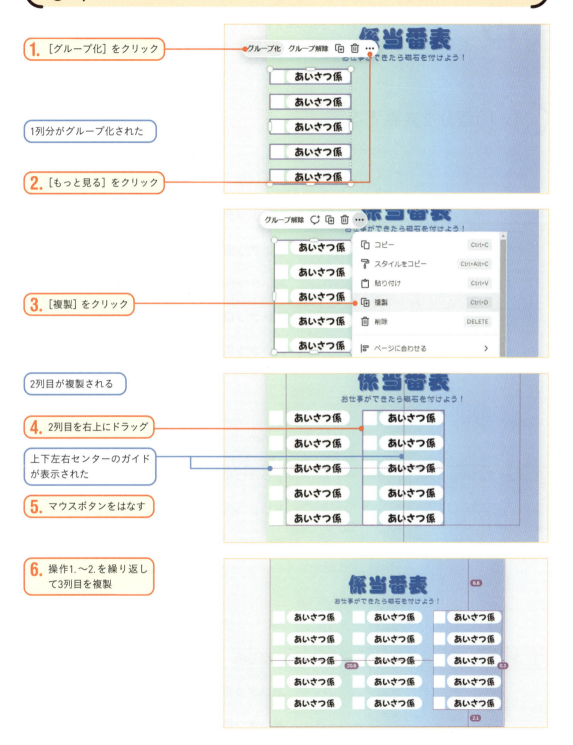

1. ［グループ化］をクリック

1列分がグループ化された

2. ［もっと見る］をクリック

3. ［複製］をクリック

2列目が複製される

4. 2列目を右上にドラッグ

上下左右センターのガイドが表示された

5. マウスボタンをはなす

6. 操作1.～2.を繰り返して3列目を複製

Lesson 19 係の名前を変更する

配置する場所を決めてからテキストを入力すると効率が良く、統一感のあるレイアウトになります。アレンジもぜひ試してみてください。

1 | 1個分を変更する

1. 変更したい図形がある列をクリック

グループ化された列が選択された

2. 該当する図形をクリック

グループ化されたまま文字を入力できる

3. 「配り係」と入力

2 | 係をすべて入力する

1. 残りの係をすべて入力する

係当番表が完成した

💡 Tips

文字が入り切らない場合は

文字が枠に収まらない場合、2行で表示されます。フォントサイズを小さくすることで調整しましょう。文字間隔を調整する方法もありますし、複数行の場合は行間隔を調整するのも良いでしょう。詳しくは163ページで紹介します。

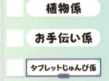

フォントのサイズを小さくしてから図形の高さを調整する

🔄 Arrange

色の組み合わせを変えてみよう

背景の変更や素材の複数選択を行い、色の組み合わせを変更してみましょう。デザインのテンプレートから［カラーのみ適用］を試すのも良いでしょう（31ページ参照）。

色の組み合わせを変更するだけで印象が大きく変わる

> **活用事例**

高等部の生徒によるポスター作成

寄稿：埼玉県特別支援学校 関口あさか

特別支援学校にお勤めの関口あさか先生による活用事例です。生徒が Canva を活用して地域のポスターを作成しています。

Canva の素材と撮影データを配置し、文字などを組み合わせて作った地域へのポスター

製作は高等部3年生が担当し、非常に好評だった

Canva の素材や画像などを文字と組み合わせて製作

本校では学校・家庭・地域と連携して「コミュニティ・スクール」という取り組みを行っています。この取り組みのポスターを高等部の3年生のAさん、BさんにCanvaで作成してもらいました。事前にどのようなこと書いたら良いのか、使用する写真などを教務主任の先生に確認し、写真のように2人でCanvaの中にある素材と先生から預かった画像を入れたり、文字を入れたりし、掲示物を完成させることができました。

作成の途中では、教務主任の先生に印刷前に内容の確認をしたり、印刷後には教頭先生に報告したりし、多くの先生から「とても見やすくよくできているね。」「ありがとう。」などとほめられ、非常に嬉しそうな様子が印象的でした。

第 **4** 章

表の機能を使って
デザインしよう

この章では、教材作成でよく使用される表の機能とグラフィック素材を組み合わせたデザイン方法について、時間割カードの作成を例に解説します。

→ 使用するファイルの一覧は以下からダウンロードしてください。
https://book.impress.co.jp/books/1124101021

Lesson 20 時間割カードを作ろう

テキストボックスや図形の操作に慣れたら、次は表とグラフィックの素材を使って時間割カードをデザインしていきましょう。

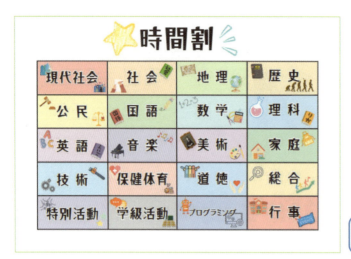

ホワイトボードなどに貼って使う時間割カードを作る

1 | 表を使って作成する

Canvaで表を簡単にカスタマイズできます。枠線の色や太さを変更したり、セルのサイズを均等にしたり、コンテンツに合わせてセルのサイズを調整したりできます。

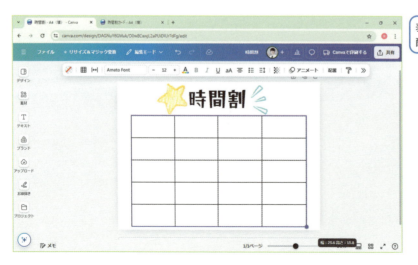

表を使って均等に配置する

2 | こんなものも作れる

作成者：あやか

作成者：のびー

壁に掲示して使う1週間の時間割表や、切り離して使うクーポン券などを作れる

chapter 4 表の機能を使ってデザインしよう

? Hint
高品質なイラストを安心して使用できる

これまではイラストを挿入する際に検索し、著作権を確認し、使用や購入を検討するのが一般的でした。Canva 教育版 では、プロのデザイナーが作成した高品質なイラストを教育目的で利用でき、時間を節約しつつ魅力的なビジュアルを追加できます。

Lesson 21 イラストを追加する

グラフィックの素材を追加してみましょう。追加したイラストは、大きさや色を変更したり、角度を調整したりすることができます。

1 | 用紙の大きさを設定する

44ページを参考にA4横サイズの白紙のプレゼンテーションを作成しておく

1. [テキスト] をクリック
2. [テキストボックスを追加] をクリック
3. 「時間割」と入力
4. 34ページを参考にフォントを [Amato Font] に大きさを「82」に変更
5. テキストボックスをドラッグして上に移動

ページの左右センターのガイドラインが表示された

6. テキストボックスの左右センターを合わせてマウスボタンをはなす

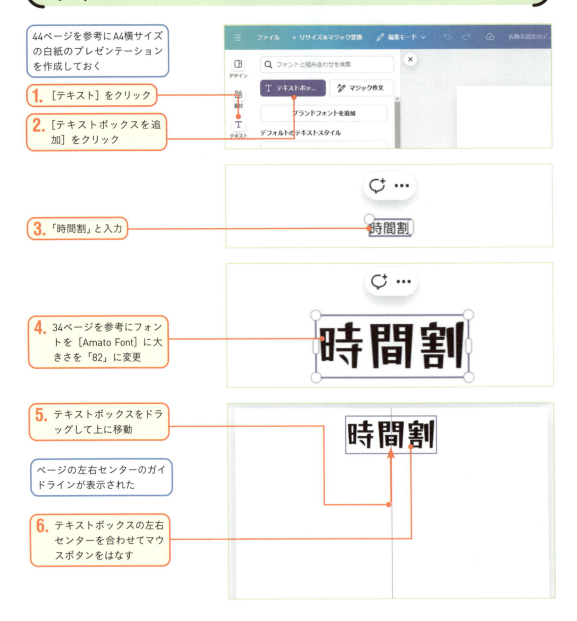

2 | イラストを追加する

1. [素材] をクリック
2. 「星 クレヨン」と入力

推奨キーワードが表示された

3. [Enter] キーを押す

検索結果が表示された

ここでは [グラフィック] の中から選択する

4. [すべて表示] をクリック

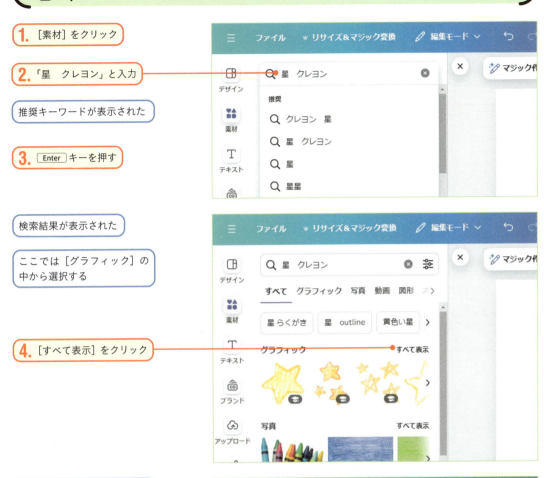

[グラフィック] （イラスト）の一覧が表示された

chapter 4 表の機能を使ってデザインしよう

069

3 | イラストの大きさを変更する

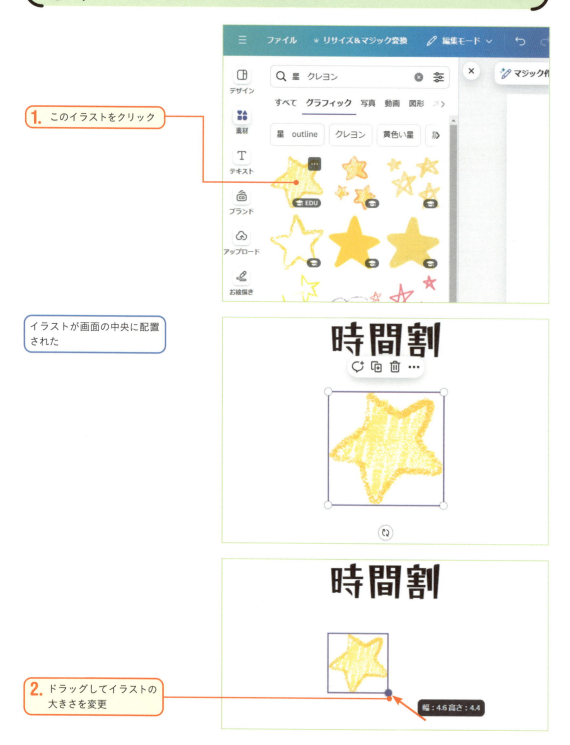

1. このイラストをクリック

イラストが画面の中央に配置された

2. ドラッグしてイラストの大きさを変更

4 ｜イラストを見出しの横に配置する

1. イラストをドラッグして移動

テキストボックスと上下センター合わせのガイドラインが表示された

2. マウスボタンをはなす

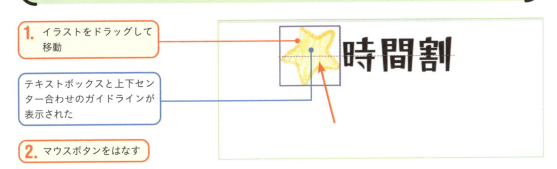

5 ｜イラストをもう1点追加する

1. 「模様　チョーク」と入力

2. このイラストをクリック

イラストが画面の中央に配置された

6 │ イラストの色を変更する

追加したイラストを選択したままにしておく

1. ［カラー］をクリック

2. ［ターコイズブルー #5ce1e6］をクリック

イラストの色が変更された

7 | イラストの角度を変更して移動する

追加したイラストを選択したままにしておく

1. ここをクリック

2. 左にドラッグ

角度が変化した

3. ［20°］と表示されたらマウスボタンをはなす

4. ドラッグして図形の大きさを調整

5. 36ページを参考に図形を見出しの右側に移動

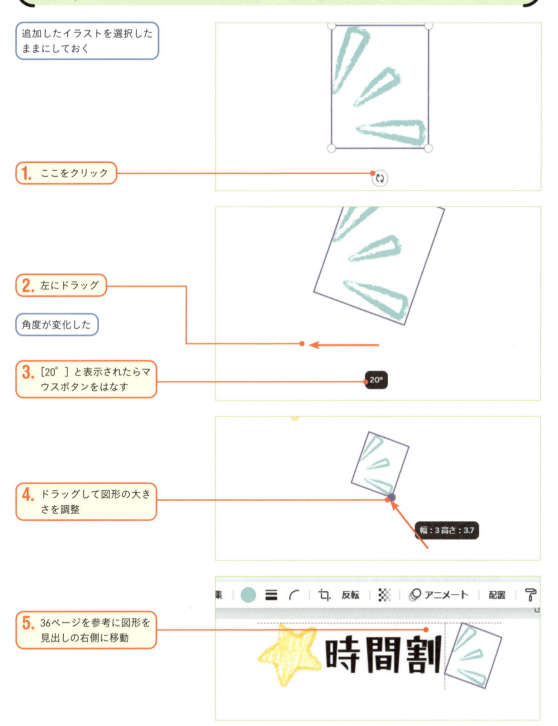

Lesson 22 表を追加する

表を追加してみましょう。「/」（クイックアクション）から行数と列数を指定しても挿入できるのでどちらの方法も試してみましょう。

1 | 表を追加する

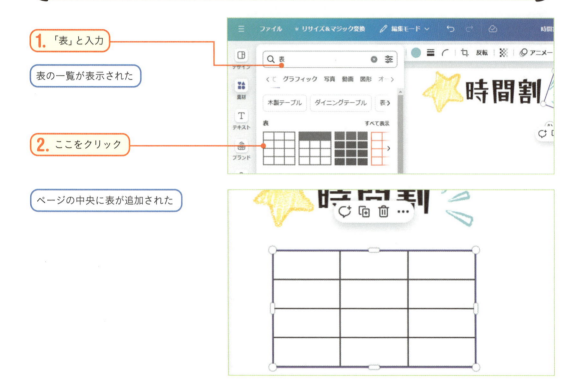

1. 「表」と入力
   表の一覧が表示された

2. ここをクリック

   ページの中央に表が追加された

> **Hint**
>
> **表の種類を確認しよう**
>
> 表の一覧では、線に色が付いた表や、セルのみ色が付いていて間隔が空いているものなど、さまざまなデザインが表示されます。色の調整やセルの間隔、余白は、表を選択してからも変更できます。
>
> ［すべて表示］をクリックすると表の一覧が表示される

2 | 行と列を追加する

表を選択したままにしておく

1. ここにマウスカーソルを合わせる

[+] が表示された

2. そのままクリック

新しい行が追加された

3. ここにマウスカーソルを合わせる

[+] が表示された

4. そのままクリック

新しい列が追加された

行の場合は縦の線、列の場合は横の線にマウスカーソルを沿わせて動かすと [+] が表示しやすい

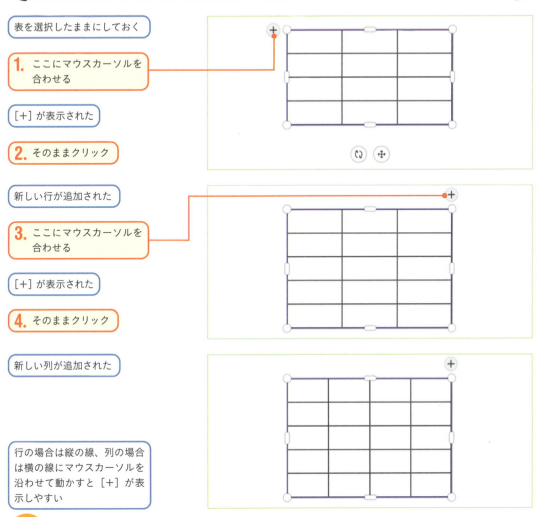

🔍 Hint

[もっと見る] から行や列を追加するには

表の左側などにマウスカーソルを合わせると表示される [もっと見る] を選択して行や列を追加することもできます。追加に加え、セルの削除や結合、移動も可能です。さらに、行の高さや列の幅を均等にする、行や列のサイズをコンテンツに合わせるといった調整も行うことができます。

1. [もっと見る] をクリック

2. [1行を追加する] をクリック

chapter 4 表の機能を使ってデザインしよう

Lesson 23 表に着色する

表のサイズ変更とセルの塗りつぶしの方法を確認していきましょう。セルの色にはグラデーションを利用することもできます。

1｜表の大きさを変更する

表を選択したままにしておく

1. ここをクリック

2. 左上にドラッグ

ページの枠線のガイドラインが表示された

3. マウスボタンをはなす

4. 同様に右下をクリックして右下にドラッグ

ページの枠線のガイドラインが表示された

5. マウスボタンをはなす

表がページの枠線に合わせて拡大された

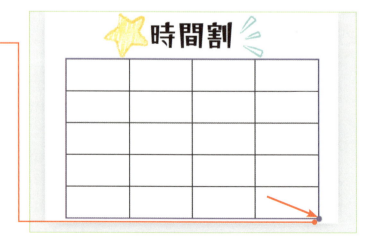

2 | 新しい色を追加する

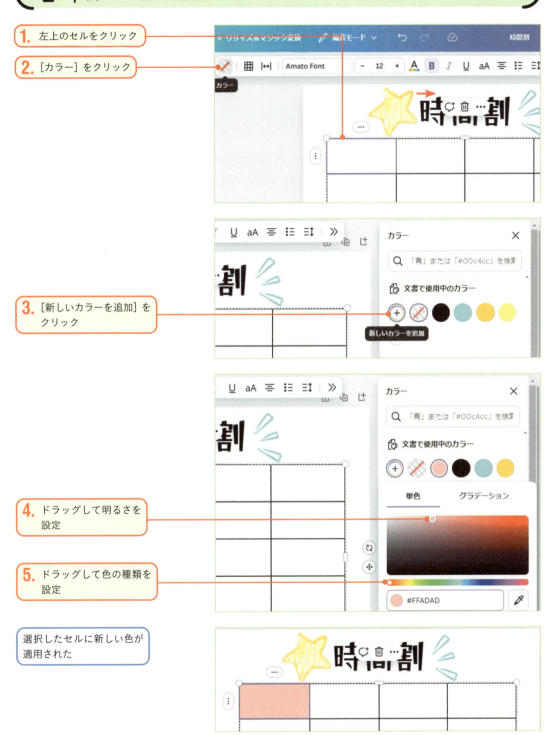

Lesson 24 教科名を作成する

テキストボックスを使って教科名を入力しましょう。表に直接入力することも可能ですが、分けることでより詳細な設定が可能です。

1 | テキストボックスを追加する

テキストボックスを追加する

1. ［テキスト］をクリック
2. ［テキストボックスを追加］をクリック

テキストボックスがページの中央に追加された

3. 「現代社会」と入力

文字数の多い教科を基準にする

4. 35ページを参考にフォントの大きさを［36］に変更

フォントの種類と大きさが変更された

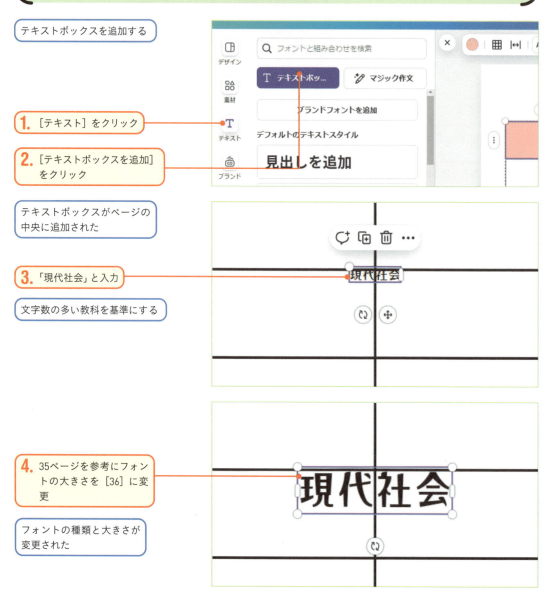

2 | 文字に白い縁取りを付ける

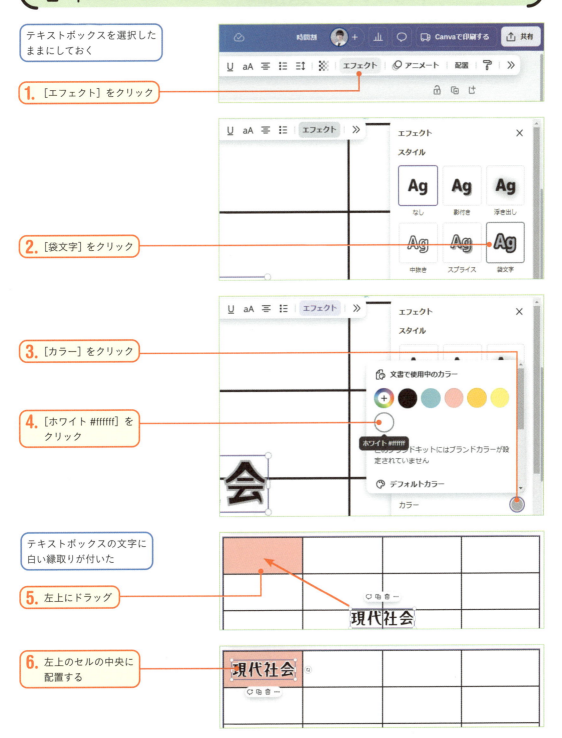

テキストボックスを選択したままにしておく

1. ［エフェクト］をクリック

2. ［袋文字］をクリック

3. ［カラー］をクリック

4. ［ホワイト #ffffff］をクリック

テキストボックスの文字に白い縁取りが付いた

5. 左上にドラッグ

6. 左上のセルの中央に配置する

Lesson 25 イラストを追加する

素材からイラストを追加してみましょう。写真や動画の素材もあるので、様々なワードで検索してお気に入りの素材を見つけてください。

1 | 教科に関連するイラストを検索する

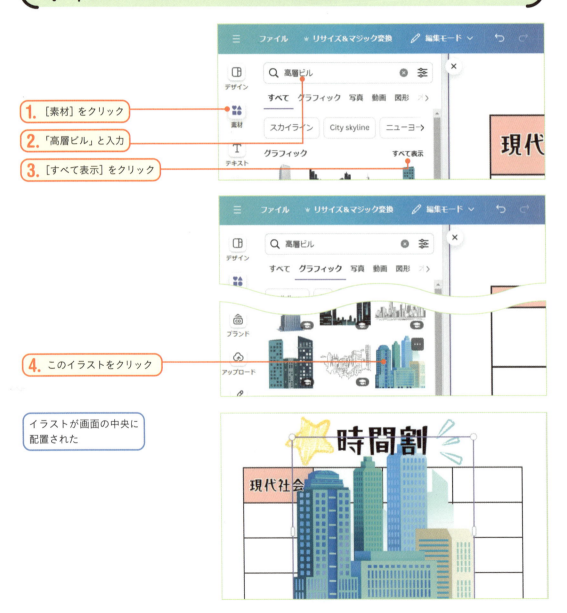

1. [素材] をクリック
2. 「高層ビル」と入力
3. [すべて表示] をクリック
4. このイラストをクリック

イラストが画面の中央に配置された

2 | イラストをセルに収める

イラストを縮小する

1. 70ページを参考にイラストを縮小

2. イラストを左上のセルに合わせる

イラストはテキストボックスの背面に配置される

3. 文字にあまりかからないようにイラストを縮小

セルの中にイラストが配置された

同様の手順で「スマートシティ」で検索したイラストをセルの右下に配置する

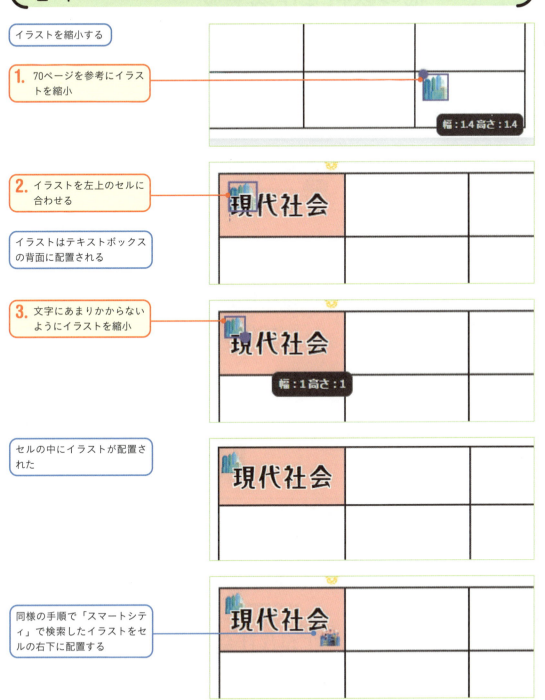

Lesson 26 　他の教科を作成する

同様の手順で他の教科も作成します。素材を検索して追加する方法や大きさを調整して配置する方法などの操作に慣れていきましょう。

1 ｜他のセルに着色する

1. 下のセルをクリック
2. ［カラー］をクリック
3. ［新しいカラーを追加］をクリック
4. スライダーを操作して新しい色を作成

すぐ下のセルに新しい色が適用された

2 | すべてのセルに着色する

同様の手順ですべてのセルに着色する

3 | テキストボックスを複製する

1. 57ページを参考にテキストボックスを複製

[Alt]キーを押しながらドラッグすると複製と位置の調整が同時にできる

2. ドラッグして下のセルに移動

ガイドを参照して左右の位置を合わせる

❓ Hint

お気に入りの素材を登録しよう

検索中に見つけたデザインや素材を後で使いたい場合、そのデザインや素材の右上にある［もっと見る］から［スターを付ける］を選択しておきましょう。これで、編集画面左側の［スター付き］から追加できるようになります。

4 | 全教科分を複製する

57ページを参考に1行分を複製しておく

1. 57ページを参考に1行分のテキストボックスをグループ化

2. 57ページを参考に2行目を複製して位置を調整

3. そのまま3行目と4行目を複製

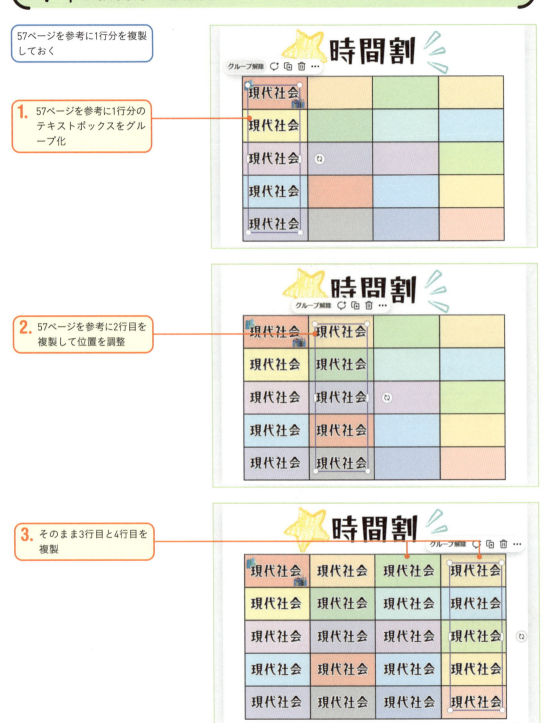

5 | 教科の要素を変更する

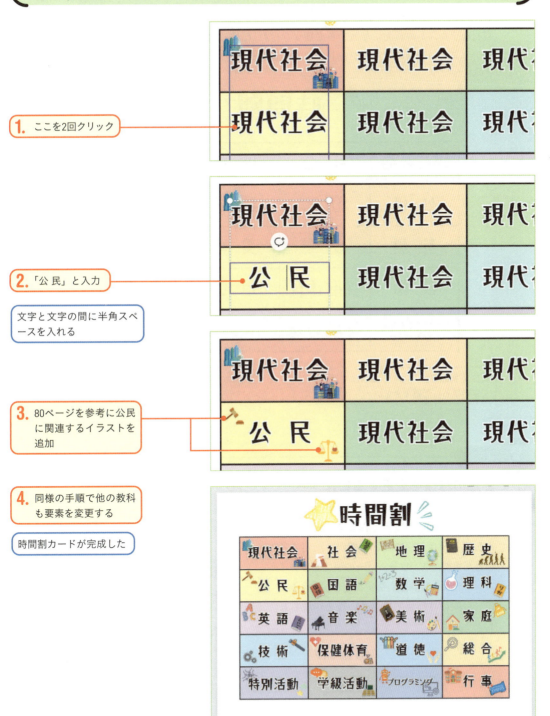

1. ここを2回クリック

2. 「公民」と入力

文字と文字の間に半角スペースを入れる

3. 80ページを参考に公民に関連するイラストを追加

4. 同様の手順で他の教科も要素を変更する

時間割カードが完成した

 **Arrange**

表に直接入力しても作成できる

素材をテキストの背面に配置する必要がなければ、表に直接入力して作成できます。備品管理のリストや学習のワークシートとしても活用できます。

表に文字を直接入力する場合はイラストを文字の後ろに配置できない

 Tips

罫線の種類を変更するには

表を選択すると、エディタツールバーに枠線のオプションが表示されます。実線か点線を選択でき、色や太さを細かく設定することが可能です。ツールバーの隣にあるアイコンでセルの間隔を調整することもできるので、目的に合わせて見やすい表を作成しましょう。

1. ここをクリック

罫線の種類や色を設定できる

セルの選択方法を覚えよう

Shift キーを押しながら矢印キーで範囲を広げることができ Shift と Ctrl キーを押しながら矢印キーで行や列を一度に選択できます。この方法は表計算ソフトでも効率よく範囲選択できるため、以下の方法と一緒に覚えておきましょう。

行や列を選択する

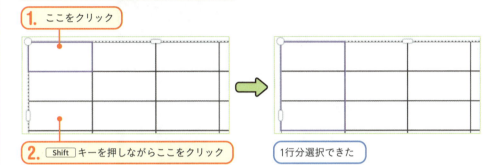

隣接する範囲を選択する

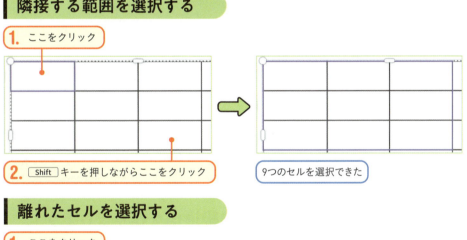

離れたセルを選択する

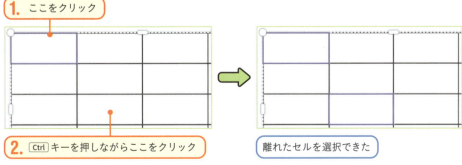

> 活用事例

センスのいい学級通信を素早く作れる

寄稿：大阪府公立小学校 柴田大翔

小学校にお勤めの柴田大翔先生による活用事例です。Canvaを使って効率よくクオリティの高い学級通信を作成されています。

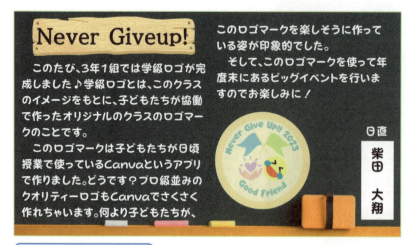

学級通信は黒板をモチーフにしたデザイン

クラスのロゴを使って手提げ袋も製作

コスパ最強のCanvaで「映える」学級通信を作りましょう！

学級通信はぜひCanvaで作ることをおすすめします。教員は無料で使える、コスパ最強のCanvaを使うと、ハイクオリティーかつ短時間で通信を作ることができます。それを可能とするのは圧倒的な素材の多さ（基本的に著作権フリーで使える）とテンプレートのデザインの豊富さです。フォントの種類や大きさ・位置などの細かな調整も超絶簡単ですし、テンプレートのデザインはプロのクリエイターが作成したものを書き換えるだけで使えるので、「映える」通信が作れます。

また、写真だけでなく動画もワンタップで挿入できます。さらに、URLリンクを共有しておけば、生徒がいつでも更新状況を確認できますし、コメント機能を使って通信への感想も入力することができます。

第5章
プレゼンテーション資料を作ろう

この章では、フレームや背景除去を利用した写真の編集方法と、効果的なプレゼンテーションを行うためのアニメーションについて解説します。

Lesson 27

自己紹介シートを作ろう

先生用の自己紹介スライドをCanvaでおしゃれに仕上げましょう。アレンジして子どもたちが自己紹介シートを作成することも可能です。

→ 使用するファイルの一覧は以下からダウンロードしてください。
https://book.impress.co.jp/books/1124101021

最初の授業の際などに使用できる

1 | Canvaでプレゼンテーションも行う

Canvaはデザイン作成だけでなく、プレゼンテーション機能も充実しています。アニメーションの設定や発表中の演出を追加することで、魅力的なプレゼンが可能です。

動きのあるプレゼンテーションができる

2 | こんなものも作れる

動きのあるスライドで
クイズを作れる

作成者：島田あや

絵本のようにめくりながら
使う教材が作れる

作成者：まるまゆ

chapter 5 プレゼンテーション資料を作ろう

🔍 Hint

編集画面の表示を切り替えるには

編集画面下部の［サムネイルの表示］もしくは
［スクロールビュー］をクリックして、表示を切
り替えることができます。ページの追加や複製、
並べ替えの手順が異なりますので、操作しやすい
方を選択して作業しましょう。

ここをクリック
すると表示を切
り替えられる

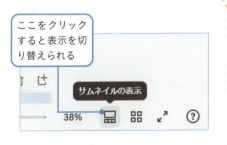

Lesson 28

画像をアップロードする

→ 使用するファイルの一覧は以下からダウンロードしてください。
https://book.impress.co.jp/books/1124101021

テンプレートを開いて画像をアップロードしましょう。QRを読み込み、[新しいデザインにテンプレートを使用]を選択します。

1 | テンプレートに文字を入力する

「使用するファイル」のURLを入力してテンプレートを表示しておく

1. [新しいデザインにテンプレートを使用]をクリック

2. 日付を入力

3. 氏名を入力

2 | 画像をアップロードする

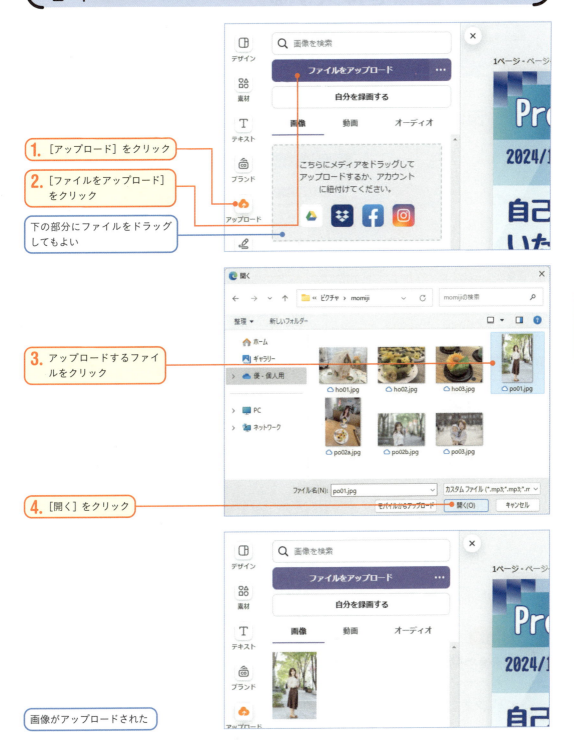

1. ［アップロード］をクリック
2. ［ファイルをアップロード］をクリック

下の部分にファイルをドラッグしてもよい

3. アップロードするファイルをクリック

4. ［開く］をクリック

画像がアップロードされた

Lesson 29 画像を挿入する

アップロードした画像をページに挿入しましょう。一度アップロードすれば、他のデザインでも利用することができます。

1 | 画像をページに挿入する

1. 画像をページにドラッグ

プレビューが表示された

2. マウスボタンをはなす

画像をクリックするとページの中央に配置される

画像がページに挿入された

> **Hint**
>
> **画像や動画にタグを追加するには**
> アップロードした画像や動画の右上にある［もっと見る］から［タグを追加する］を選択すると、タグで検索ができるようになり、コンテンツが管理しやすくなります。

2 | 画像を最背面に移動する

49ページを参考に画像の大きさを調整しておく

1. [配置] をクリック

2. [最背面へ] をクリック

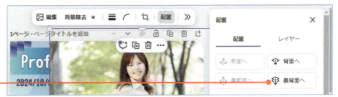

画像が文字や図形の背面に移動した

余白を見ながら画像の大きさを再度調整しておく

Hint

レイヤーを確認しよう

[配置]をクリックして[レイヤー]をクリックすると、図形などの重なり順が表示されます。レイヤーを変更したい場合は、該当するレイヤーをドラッグ＆ドロップで変更できます。また、素材を右クリックし、[レイヤー]をクリックしても同じ画面を表示できます。

[レイヤー]をクリックすると図形などの重なり順を確認できる

Lesson 30 画像にフレームを付けて配置する

画像を円などの形のフレームに簡単に切り抜くことができます。テンプレートのフレームに写真をドラッグして試してみましょう。

1 │ 画像をアップロードする

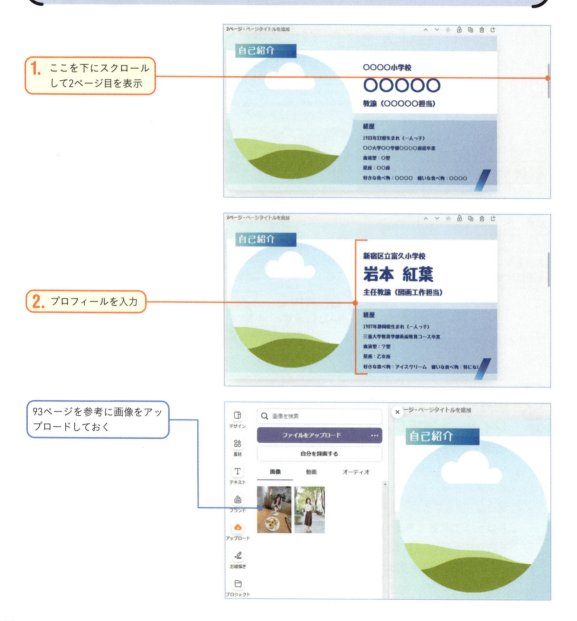

1. ここを下にスクロールして2ページ目を表示
2. プロフィールを入力

93ページを参考に画像をアップロードしておく

2 | 画像をフレームに挿入する

1. 画像をフレームにドラッグ

プレビューが表示された

2. マウスボタンをはなす

画像がフレームに収まった

Hint

いろいろなフレームを試してみよう

［素材］をクリックして［フレーム］を表示すると、さまざまな形のフレームが見つかります。写真に合わせて試してみましょう。また、［アプリ］の機能でオリジナルの形を作成することもできます。生徒が写真を撮影してアップロードする際にも活用してみましょう。

多彩なフレームが用意されている

Lesson 31　フレーム内の画像を調整する

フレームに挿入した画像の配置や大きさを調整してみましょう。フレームを固定したまま、切り抜きや回転を行うことができます。

1 ｜画像をフレームに挿入する

1. 3ページ目を表示して文字を入力

93ページを参考に画像をアップロードしておく

2. アップロードした画像をフレームに挿入

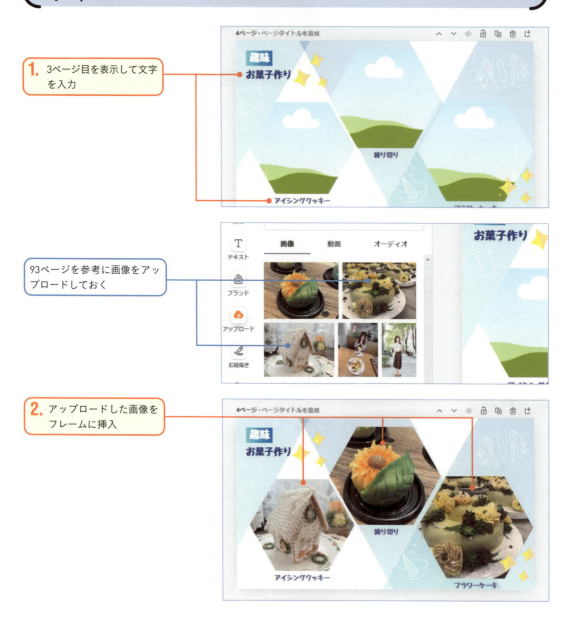

2 | 画像をフレーム内で調整する

フレーム内の画像をもう少し右側に移動したい

1. 画像をダブルクリック

画像の位置が調整可能になった

2. 右にドラッグ
3. マウスボタンをはなす
4. [完了]をクリック

フレーム内の画像の位置を変更できた

Lesson 32 画像の背景を削除する

ワンクリックで簡単にできる画像の背景除去を試してみましょう。プロフィール写真やポスター作成など、さまざまな用途に活用できます。

1 | 画像を挿入する

94ページを参考に画像をページに挿入しておく

1. 画像をクリック

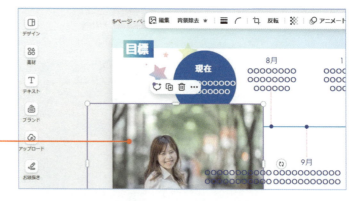

2. [背景除去]をクリック

画像の背景が除去された

💡 Hint

画像を反転させるには

画像によっては、左右を反転させてデザインを調整したいこともあるでしょう。画像を選択して[水平に反転]や[垂直に反転]を選ぶことで、左右や上下に反転させることができます。写真の他に素材や動画も反転させることができます。

写真を選択して[反転]をクリックすると反転する方向を選択できる

2 | 画像の大きさを調整する

49ページを参考に画像の大きさを調整する

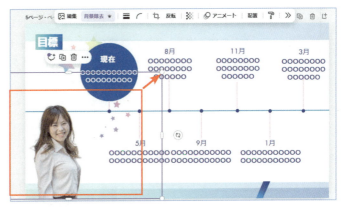

80ページを参考に文字と図形を追加する

💡 Tips

背面にあるアイテムを選択するには

写真をトリミングして重ならないようにしたり、レイヤーを前面に移動したりすることで背面にあるアイテムを選択できますが、手軽に操作をしたいときは、Ctrlキーを押しながら選択したい図形などをクリックします。複数の素材が重なっていても、繰り返しクリックしてその下の素材を選択できます。

手前の写真が重なっているのでこのイラストを選択できない

1. Ctrlキーを押しながらクリック

背面にあるイラストを選択できた

💡 Tips

［マジック切り抜き］を試してみよう

［背景除去］は背景を除去して被写体だけを残すのに対し［マジック切り抜き］は写真からオブジェクトを切り抜き、背景を維持しながら移動やサイズ変更ができます。［ブラシ］で切り抜く範囲を手動で選択でき、［クリック］で選択部分を調整できます。

画像を選択しておく

1. ［編集］をクリック

2. ［マジック切り抜き］をクリック

［マジック切り抜き］画面が表示された

3. 切り抜きたい部分をクリック

自動で範囲選択される

4. ［切り抜き］をクリック

元の画像が表示される

5. 切り抜いた部分をドラッグ

切り抜いた部分が移動して背景が自動的に生成された

切り抜いた部分の拡大や縮小、削除もできる

Tips

［フィルター］や［エフェクト］を試してみよう

［画像を編集］の機能を使うと、［フィルター］や［エフェクト］を適用することができ、強度や色合いを調整しながら好みのものを選択できます。ホワイトバランスや明るさの調整、ピクセル化や合成ができるアプリもありますので、ぜひいろいろと試してみてください。

画像を選択して［フィルター］や［エフェクト］を適用できる

［フィルター］は写真全体の雰囲気を変更でき、強度の調整もできる

［ダブルトーン］は写真を2色の組み合わせに変更する

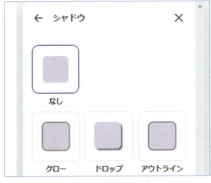

［シャドウ］は写真の外枠に陰影の装飾を加える

［ぼかし］はブラシでクリックした部分をぼかす

Lesson 33 プレゼンテーションに動きを追加する

動きのあるグラフィックやステッカーの素材を追加してみましょう。テキストや写真にアニメーションを設定することもできます。

1 | ステッカーを選択する

2ページ目を表示しておく

1. ［素材］をクリック
2. ［すべて表示］をクリック
3. ［すべて表示］をクリック
4. これをクリック

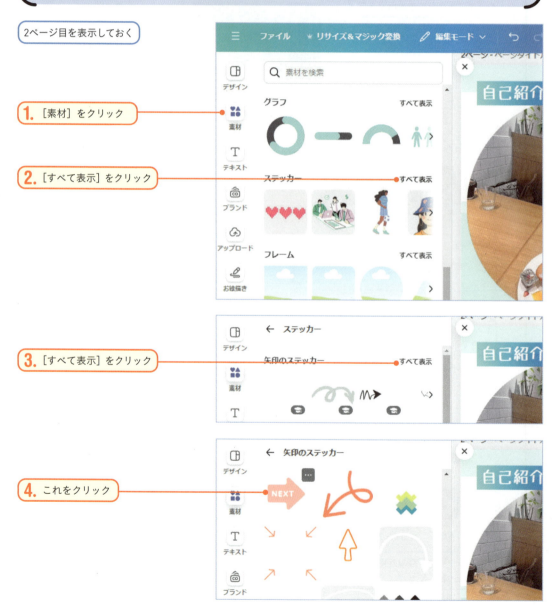

2 | ステッカーの位置と大きさを調整する

ステッカーがページに挿入された

49ページを参考に位置と大きさを調整する

 **Arrange**

素材は写真の上にも配置できる

検索窓の隣にあるフィルターで［アニメーション］にチェックを入れて動く素材を検索してみましょう。これにより、テキストをより目立たせたり、写真と組み合わせてキラキラさせたり、雪を降らせたりすることができます。

［フェスティバルステッカー］から同様の手順で追加する

3 | 画像に動きを追加する

4ページ目を表示しておく

1. 画像をクリック

2. [アニメート] をクリック

3. [ベースライン] にマウスカーソルを合わせる

動きがプレビュー表示される

4. [ベースライン] をクリック

動きが適用された

動くタイミングや速度、向きなどを変更できる

同様の手順で4ページ目の画像すべてに [ベースライン] を適用しておく

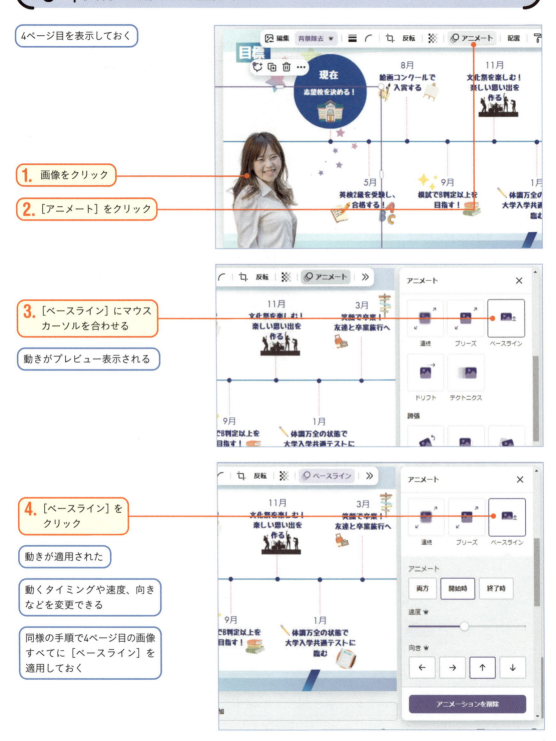

4 | 文字に動きを追加する

テキストをクリックしておく

1. ここをクリック

2. ［アニメート］をクリック

3. ［スケート］にマウスカーソルを合わせる

動きがプレビュー表示される

複数のテキストを選択して同時に設定できる

4. ［スケート］をクリック

動きが適用された

動くタイミングや速度、向きなどを変更できる

同様の手順で4ページ目のテキストすべてに［スケート］を適用しておく

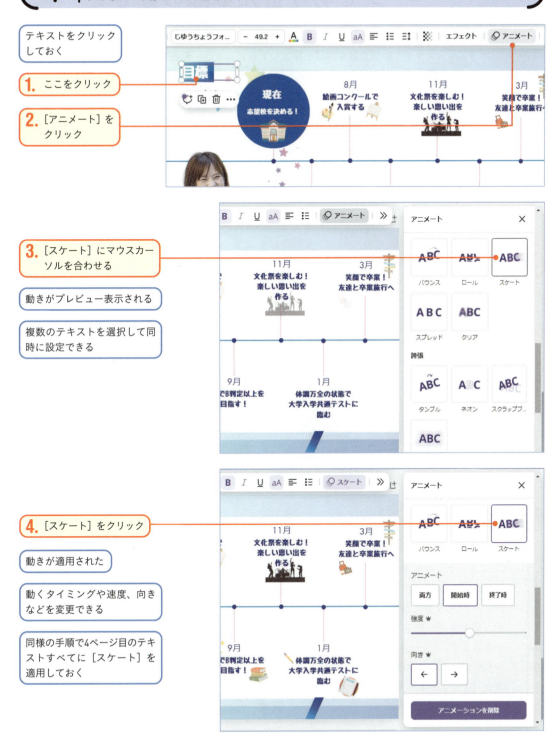

chapter 5 プレゼンテーション資料を作ろう

107

Lesson 34 ページを切り替える際の動きを設定する

スライドの切り替え効果を設定してみましょう。発表時のスムーズな場面転換やリズミカルな演出が可能となり、動画にも活用できます。

1 ｜［切り替え］を表示する

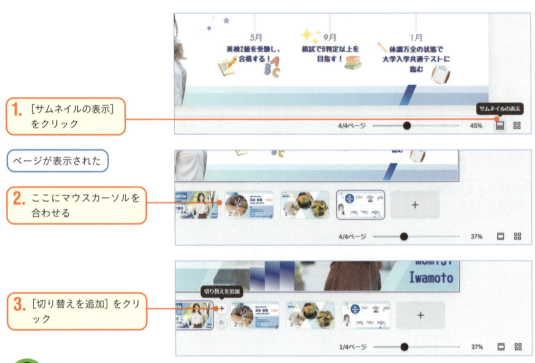

1. ［サムネイルの表示］をクリック

ページが表示された

2. ここにマウスカーソルを合わせる

3. ［切り替えを追加］をクリック

> 💡 **Tips**
>
> ### ［アニメート］との違い
>
> ［アニメート］はテキストや素材に個別に適用することができ、［トランジション］（切り替え効果）はページを切り替える際の動きを追加することができます。［ページのアニメーション］では、すべての素材に対して一度に［アニメート］を設定できます。
>
> ページに［アニメート］を適用すると個別に適用した［アニメート］は削除される
>
>

2 | 動きを設定する

[トランジション]画面が表示された

1. [スライド]にマウスカーソルを合わせる

動きがプレビュー表示される

2. [スライド]をクリック

動きが適用された

動くタイミングや速度、向きなどを変更できる

3. [すべてのページに適用]をクリック

すべてのページに適用された

🔍 Hint

ページごとに違う設定にもできる

それぞれのページ間で異なる[切り替え効果]を設定することができます。画面に動きを加えて華やかにすることができますが、様々な種類を多用しすぎると逆に集中できなくなってしまうことがあるので、ページのつながりを意識して効果的に活用しましょう。

Lesson 35 プレゼンテーションをしてみよう

プレゼンテーションを開始して、素材の大きさやアニメーションを確認しましょう。メモを見ながらの発表や演出効果の活用もできます。

1 ｜プレゼンテーション画面を表示する

1ページ目を表示しておく

1. ［プレゼンテーション］をクリック

2. ［全画面表示］をクリック

3. ［プレゼンテーション］をクリック

🔍 Hint

［全画面表示］と［発表者モード］を使用できる

［全画面表示］はデフォルトのプレゼンテーションモードで、画面またはキーボードの矢印キーでスライドを変更できます。［発表者モード］では、参加者ウィンドウとプレゼンテーションウィンドウが開き、メモを見ながら発表ができます。

2 │ 画面を確認する

プレゼンテーションが開始された

ページの外側に表示されているメニューは自動的に非表示になる

❶ページ …… 前後のページを表示する
❷拡大及び縮小 …… 画面表示を拡大または縮小する
❸マジックショートカット …… 画面に様々な効果を表示する（114ページ参照）
❹Canvaライブ〜 …… 参加者にリアルタイムのアンケートを行う
❺発表者モード …… 発表者モードを開く（112ページ参照）
❻もっと見る …… その他のメニューを表示する
❼全画面表示の終了 …… 元の編集画面に戻る

3 │ プレゼンテーションを終了する

ページを順にクリックしてすべてのページを確認する

Esc キーを押して元の画面に戻る

4 | 発表者モードで表示する

手順1を参考に［プレゼンテーション］画面を表示しておく

1. ［発表者モード］をクリック

2. ［プレゼンテーション］をクリック

プレゼンテーションウィンドウについての注意書きが表示された

3. ここをクリック

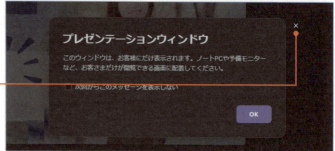

プレゼンテーションウィンドウが表示された

ここをクリックすると所要時間を測れる

画面をクリックすると次のページを表示する

ここをクリックすると発表者用のメモを追加できる

［Esc］キーを押して元の画面に戻る

5 ｜参加者ウィンドウを表示する

1. ここをクリック

2. ここをクリック

参加者ウィンドウについての注意書きが表示された

3. ここをクリック

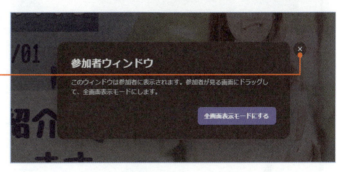

参加者ウィンドウが表示された

ディスプレイの大きさによっては参加者ウィンドウとプレゼンテーションウィンドウが重なって表示される

Tips

マジックショートカットで賑やかに演出しよう

プレゼンテーションを行いながら、ユニークな演出を行うことができます。1～9でタイマーの設定、Oでバブル、Bでぼかし、Cで紙吹雪など様々な演出が可能です。

マジックショートカットはショートカットキーで実行できる

[ぼかし]は全体をぼかす

[紙吹雪]は画面下からクラッカーのような紙吹雪が舞う

 Tips

スマートフォンで画面を操作しよう

[リモートコントロール]の機能を使うと、スマートフォンで画面の切り替えや、上記のマジックショートカットを操作できます。他のプレゼンターにコントロールを任せて、スライドをリアルタイムで制御することも可能です。

110ページを参考に[プレゼンテーション]を実行しておく

1. [もっと見る]をクリック

2. [リモート操作で共有する]をクリック

QRをスマートフォンで読み取るとリモート操作が可能になる

Tips

［プレゼンと録画］で練習しよう

プレゼンテーションを行いながら、自分の映像（オフにも設定可能）と音声を録画することができます。教師が問題の解説動画を作成したり、生徒が発表の練習を行ったりする際に活用できます。録画した動画はリンクで共有することやダウンロードが可能です。

112ページを参考に［プレゼンと録画］を選択して［プレゼンテーション］をクリックしておく

1. ［レコーディングスタジオへ移動］をクリック

［カメラとマイクの設定］画面が表示されるので同時に表示されたウィンドウで使用を許可する

2. ［録画を開始］をクリック

録画が開始される

メモを見ながら録画やプレゼンテーションの練習ができる

終了したら［録画を終了］をクリックし、保存された動画ファイルを参照する

スライドを国語の授業で活用

寄稿：熊本県公立小学校 高森崇史

小学校にお勤めの高森崇史先生による活用事例です。国語の授業の中でCanvaをどのように活用されているのかチェックしましょう。

国語の教材をプレゼンテーションで共有

生徒たちは本のPOPや帯を各自で作成する

生徒は本のPOPや帯を作成

Canvaを国語の授業に活用しています。まずプレゼンテーションを人数分準備し、データを共有します。子どもたちは、割り振られたスライドに各自の本のPOPや帯を作成します。Canvaの共同編集機能を使うことで、子どもたちは同級生が作成しているPOPや帯をリアルタイムで参考にすることができます。これにより、お互いのアイデアを共有しながら、より創造的で魅力的なデザインを作り上げることができます。

さらに、Canvaでは多様な素材や画像生成AIを使用して、自分の好みに合わせてデザインをアレンジできます。また、教師は全員の進捗状況を一目で確認でき、必要なアドバイスをその場で提供できます。評価も同時に行えるので、非常に効率的です。

第6章
相互評価の授業に役立てよう

この章では、生徒をCanvaに招待し、デザインを共同編集してコメントを追加しながら、相互評価を通じて授業を進める方法について解説します。

Lesson 36 生徒をCanvaに参加させよう

教育版のCanvaは生徒も無料で使えます。Canvaの直感的な操作で魅力的な資料やプレゼンを作成でき、豊富なテンプレートや素材を利用して、創造性を発揮できます。

→使用するファイルの一覧は以下からダウンロードしてください。
https://book.impress.co.jp/books/1124101021

Canvaを使って生徒に自由に俳句を作らせる

1 | Canvaと学習管理アプリを連携できる

Canvaで作成した教材をClassroomやTeamsなどのアプリから共有して、デザインの共同編集やテンプレートとしての配布ができます。

Google Classroom やMicrosoft Teamsなどと連携できる

2 | こんなものも作れる

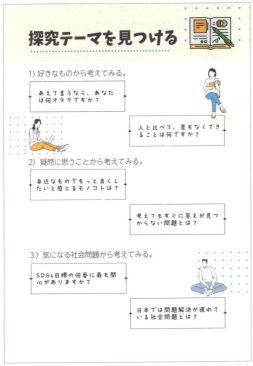

作成者：江藤由布

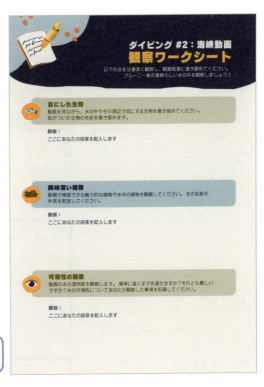

ワークシートなどを作って生徒を参加させることができる

> **Hint**
> **誤って削除してしまった操作を戻すには**
> ［ファイル］から［バージョン履歴］を選択して、自動保存されているデータを復元することができます。慣れないうちは誤って削除してしまうこともありますが、一つ前の操作に戻す Ctrl + Z の操作も教えながら、スキルを高めていきましょう。

Lesson 37 生徒をCanvaに招待する

生徒をCanvaに招待し、素材やアプリを制限なく利用できるようにしましょう。Canva教育版に招待することで、生徒も無料で利用できます。

1 | 共有リンクを取得する

Canvaのトップページを表示しておく

1. ここをクリック
2. [メンバーを招待]をクリック
3. [共有リンクで招待する]をクリック
4. Google Classroomのアイコンをクリック

💡 Hint

生徒のアカウントを無料版に登録しておこう

アカウント登録が済んでいない状態で招待するとエラーとなってしまいます。事前に生徒アカウントで無料版にサインアップしておきましょう。

2 | Google Classroom で共有する

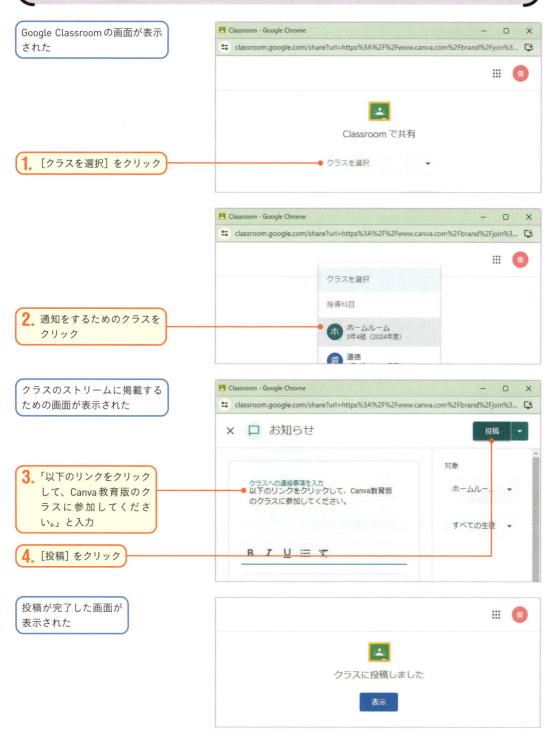

Google Classroom の画面が表示された

1. ［クラスを選択］をクリック

2. 通知をするためのクラスをクリック

クラスのストリームに掲載するための画面が表示された

3. 「以下のリンクをクリックして、Canva 教育版のクラスに参加してください。」と入力

4. ［投稿］をクリック

投稿が完了した画面が表示された

3 | 投稿した画面を確認する

教員の画面

1. [表示]をクリック

Google Classroomのクラスが表示された

ストリームに投稿されていることを確認する

生徒の画面

生徒のClassroomでは右のように表示される

1. リンクをクリック

🔍 Hint

その他の招待方法を確認しよう

招待コードやメールで招待することもできますので、それぞれの環境で適したものを選択してください。

招待方法	メリット
コードで招待する	リンクの共有が難しいときでも9桁のコードを入力して簡単に参加できます。
メールで招待	Excelなどの一覧からコピー＆ペーストして事前に招待メールを一斉送信できます。

4 | Canvaにログインする（生徒）

生徒の画面

Canvaのトップページが表示された

1. ［すべてのCookieを許可する］をクリック

2. ［さっそく始める］をクリック

Canvaの教育版にログインできた

学校名を確認する

Google Classroomの画面に戻っておく

Lesson 38 教材を準備する

生徒一人ひとりにそれぞれのページを割り当てて共同編集する場合には生徒用のページを事前に作成しておきましょう。

→ 使用するファイルの一覧は以下からダウンロードしてください。
https://book.impress.co.jp/books/1124101021

1 | 表紙にテキストを入力する

上のURLを入力してテンプレートを表示しておく

1. 「夏の行事に関する言葉を1つ選んで思いを込めた俳句を作りましょう！」と入力

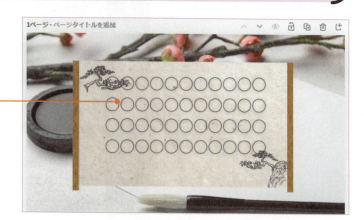

続けて生徒が俳句を記入するページを作成する

💡 Hint
準備の流れを確認しておこう

最初にすべて説明して自分のペースで進めるのか、作業を区切って進めていくのか、授業で到達したい目標を確認し、クラスの実態に応じて授業を準備しましょう。
初めのうちは作業ページに一人ずつ名前を書いておいた方がスムーズに授業が進みますが、慣れてきたら生徒自身が名前を入力できるようになります。

2 | 生徒用のページを作る

生徒用のページを表示しておく

1. ［サムネイルの表示］をクリック

2. ここをクリック

3. ［1ページを複製］をクリック

人数分のページを複製しておく

Ctrl + D で連続複製ができる

4. 生徒の名前を入力

一人ずつ氏名を入力する

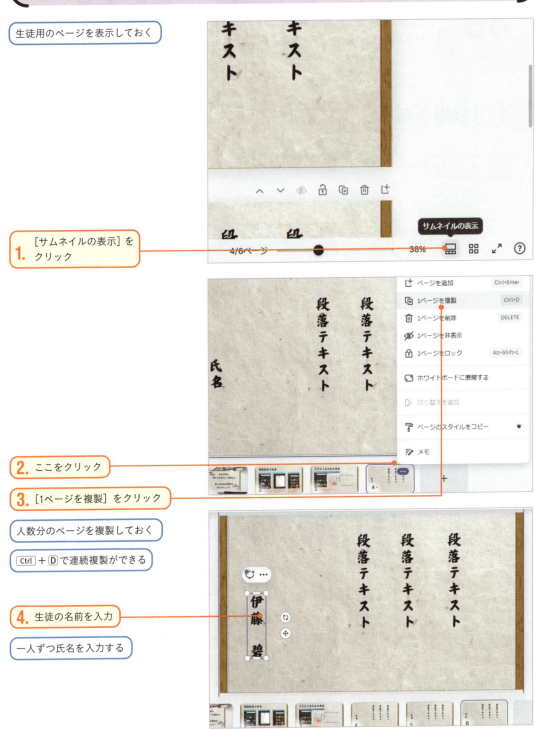

Lesson 39 デザインを[課題]に設定する

作成したデザインはGoogle ClassroomやTeams、その他の学習管理システムと連携して、Canvaの画面上から課題を割り当てられます。

1 | 課題を割り当てる場所を設定する

1. [共有]をクリック

[このデザインを共有]画面が表示された

[課題]を選んでから校務ソフトの種類を選ぶ

2. [課題]をクリック

3. [オプションを選択してください]をクリック

4. [Google Classroom]をクリック

Google Classroomの[課題]として設定できるようになる

[コラボレーションリンク]で共有するには

グループごとにデザインを分けて作成させたい場合、1つの課題に複数のリンクを追加することがあります。リンクのみを取得して課題をカスタマイズしたい時は、権限を選択してコラボレーションリンクをコピーしましょう。研究会や保護者会などのクラスがない場合にも、コラボレーションリンクで共有すると良いでしょう。

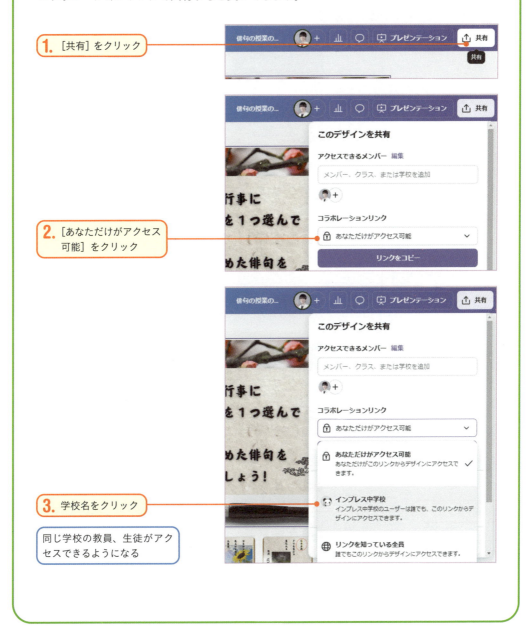

1. [共有]をクリック
2. [あなただけがアクセス可能]をクリック
3. 学校名をクリック

同じ学校の教員、生徒がアクセスできるようになる

Lesson 40 | Google Classroomの［課題］を設定する

Canvaは Google Classroomにアクセスして課題を作成できます。閲覧のみか、編集可能か、権限を確認して選択しましょう。

1 | デザインを共有する

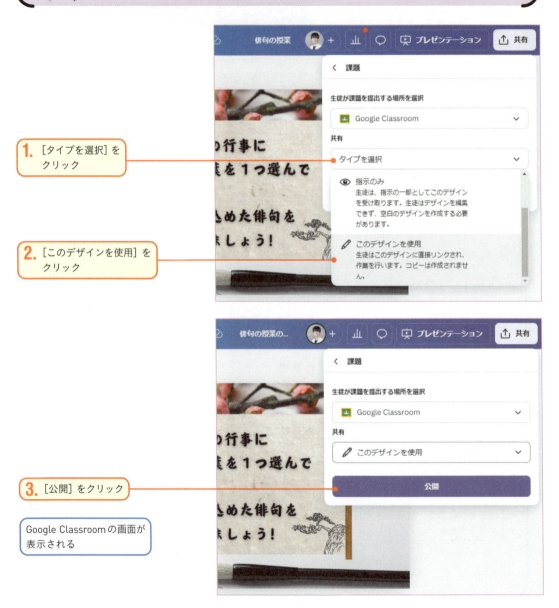

1. ［タイプを選択］をクリック
2. ［このデザインを使用］をクリック
3. ［公開］をクリック

Google Classroomの画面が表示される

2 | Classroomでクラスを選択する

[Classroomで共有] 画面が表示された

1. [クラスを選択] をクリック

2. 教科をクリック

続けて操作を選択する

3. [操作を選択] をクリック

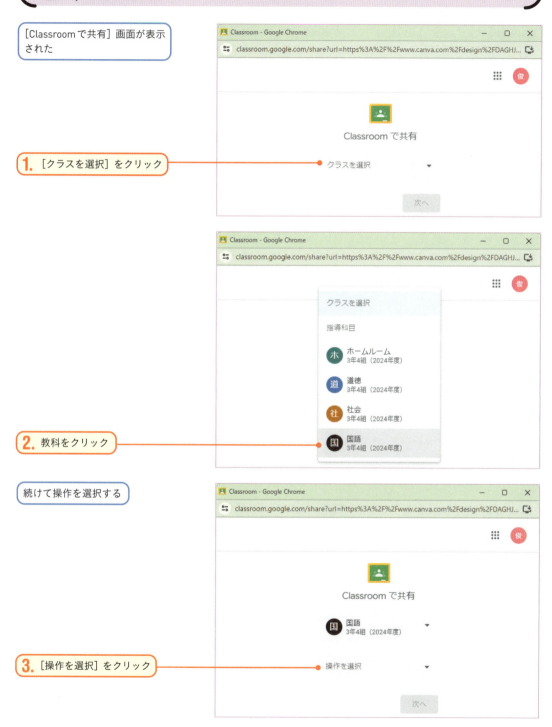

3 | [課題]を作成する

操作の種類が表示された

1. [課題を作成]をクリック

選択したクラスで課題を作成する準備ができた

2. [次へ]をクリック

[課題]を設定するページが表示された

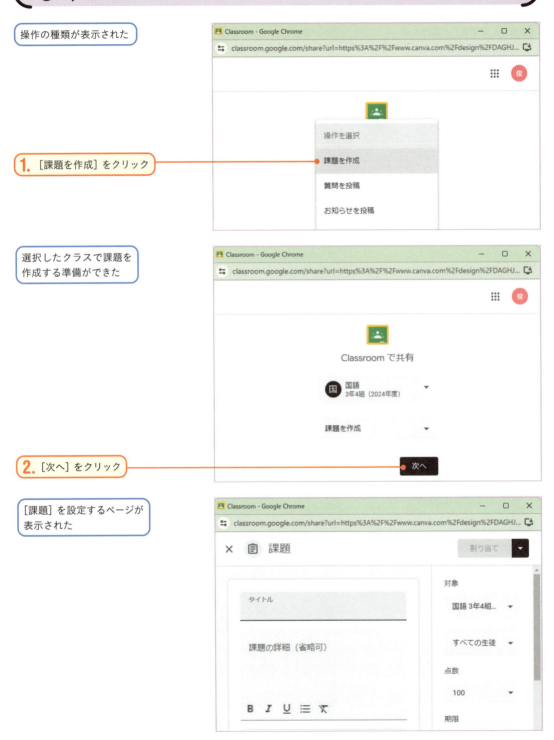

4 [課題]を割り当てる

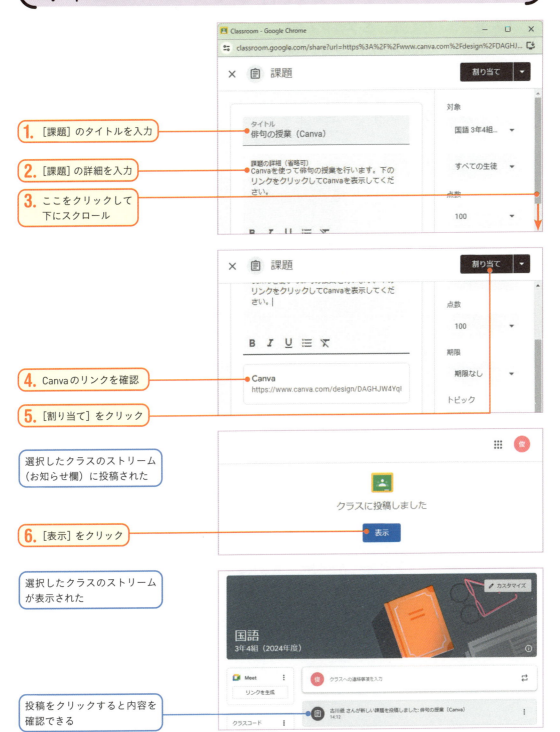

1. [課題]のタイトルを入力
2. [課題]の詳細を入力
3. ここをクリックして下にスクロール
4. Canvaのリンクを確認
5. [割り当て]をクリック

選択したクラスのストリーム（お知らせ欄）に投稿された

6. [表示]をクリック

選択したクラスのストリームが表示された

投稿をクリックすると内容を確認できる

Lesson 41 デザインを共有して授業を始める

生徒を招待して共同編集を始めましょう。すべてのページに編集権限がありますので生徒が操作に慣れるまでは丁寧に進めていきましょう。

1 | 教師のデザインに参加する

生徒の画面

- 教科のクラスを表示しておく
- 1. 投稿をクリック
- [課題]の内容が表示された
- 2. [Canva]をクリック
- 共有されたデザインが表示された
- ログインしている教員、生徒のアイコンがここに表示される

2 | 授業内容の説明をする

教員の画面

1. 生徒が全員参加していることを確認

授業内容を説明する

2. 次のページを表示

画像検索の方法を説明する

3. 次のページを表示

イラストの位置や大きさを調整する方法を説明する

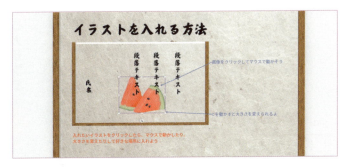

4. 次のページを表示

生徒に自分の名前が入ったページで作業することを指示する

Lesson 42 相互評価の方法を説明する

［コメント］の機能は作品の相互評価だけでなく、友達の解き方や考え方に対して意見を書くことや、共同でのデザイン作成に役立ちます。

1 ｜［コメント］の操作を説明する

> 生徒全員が俳句を完成したことを確認しておく

> コメントの追加方法を生徒に紹介する

1. 画面をクリック

2. ［コメントを追加］をクリック

3. コメントを入力
4. ［コメントを送信］をクリック

2 │ 生徒に相互評価させる

コメントが確定した

同じ手順で生徒に他の生徒の作品にコメントを入れさせる

相互評価は批判ではなく良い点と改善できるフィードバックを指摘するように指導しておく

3 │ 相互評価の内容を確認する

確定後のコメントは画面の端に表示される

💡 Tips

ページを一覧で表示できる

生徒の進行状況を一覧で確認したい場合は［グリッドビュー］を使うと便利です。ページを一覧で表示することができ、任意のページをダブルクリックして拡大表示に変えることができます。

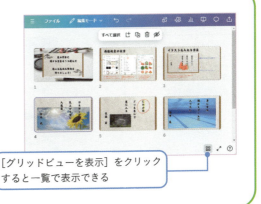

［グリッドビューを表示］をクリックすると一覧で表示できる

Lesson 43 共有したデザインを編集不可にする

全員の作業が完了したら編集不可にしておきましょう。保護者にリンクを配布することで生徒の作品を共有することもできます。

1 | リンクの設定を変更する

1. [共有] をクリック

2. ここをクリック

3. [表示可] をクリック

リンクの設定が変更された

生徒が誤って修正や削除してしまうことを防ぐ

Tips

［アプリ］の［一括作成］を使ってみよう

ワークシートや賞状に名前を入れる際にとても便利な機能です。データをExcelからアップロードすることもできます。

1. ［アプリ］をクリック

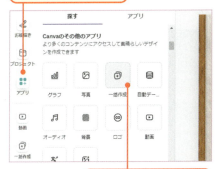

2. ［一括作成］をクリック

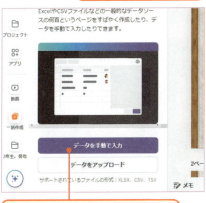

3. ［データを手動で入力］をクリック

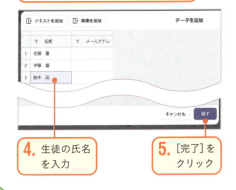

4. 生徒の氏名を入力

5. ［完了］をクリック

6. 「氏名」をクリック

7. 「データの接続」をクリック

8. ［名前］をクリック

9. ［続行］をクリック

10. ［3点のデザインを生成］をクリック

名前が記入されたページが別ウィンドウで生成される

chapter 6 相互評価の授業に役立てよう

137

社会科でホワイトボードを活用

寄稿：岡山県公立小学校 的場功基

小学校にお勤めの的場功基先生による活用事例です。社会の授業の中でCanvaをどのように活用されているのかチェックしましょう。

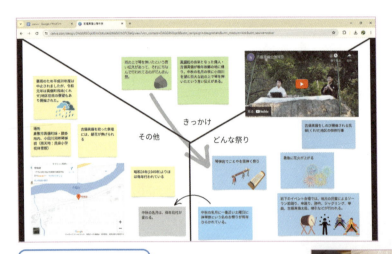

郷土に伝わる祭りについて共同編集

生徒の意見は［付箋］を使って集約

生徒が自分で情報を整理できる

4年生の社会科の様子です。まず、教科書などから情報を抜き出して資料を作り、その後、Canvaのプレゼンテーションで［付箋］を使いながら共同編集を行いました。Canva上で思考ツールの画像を共有しているので、子どもたちは自分たちで思考ツールを選択し、情報を整理することが可能です。
この授業では整理する練習を行いましたが、Canvaには自動でトピックや色ごとなどに［付箋］を並べ替える機能もあるので、目的に応じて使い分けると便利です。共同編集中に新たな疑問が生じた場合、Canvaのアプリから直接YouTubeやGoogle Mapを埋め込むことも可能です。また、情報が増え、枠に収まらなくなったら、ホワイトボードに展開しています。

情報の授業で生徒の意見を集約

埼玉県さいたま市立美園南中学校　宮内智

中学校にお勤めの宮内智先生による活用事例です。情報の授業の中で Canva をどのように活用されているのかチェックしましょう。

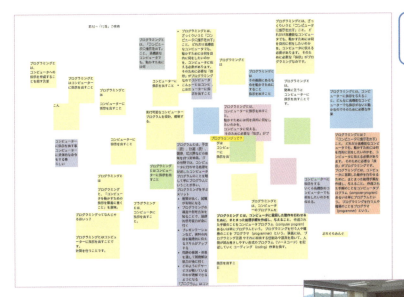

プログラミングについて生徒から多くの意見を集めた

ホワイトボードの内容は大きな画面でも共有する

中学校での STEAMS TIME に Canva を活用

中学1年生の総合的な学習の時間にて、さいたま市で取り組んでいる STEAMS TIME のプログラミングを学習する際に使用し、生徒の「プログラミング」の認識について、発散的にホワイトボード機能を利用して付箋で書き込みをさせた。

小学校におけるプログラミング教育の経験を活かし、中学校の STEAMS TIME でさらに発展的な内容に取り組んだり、技術・家庭科技術分野における「情報の技術」の学習においても学習内容が活かせたりできるよう、導入において生徒の実態を把握するために使用した。

さいたま市では市教育委員会の尽力により Canva for District（複数校版）を全国に先駆けて導入している。

活用事例

生徒がインフォグラフィックを作成

寄稿：静岡県私立高等学校 吉川牧人

高等学校にお勤めの吉川牧人先生による活用事例です。社会の授業の中でCanvaをどのように活用されているのかチェックしましょう。

9.11事件をテーマに生徒たちが作成したインフォグラフィック

情報の整理が進み、発表もスムーズに行われた

テンプレートを使って効率的に情報を整理

高校1年生の社会科（歴史総合や公共）の授業でインフォグラフィックを使ったプレゼンテーションを行いました。インフォグラフィックとは、題材に対してさまざまな情報をもとに、整理して見やすく整えた画像を作成する手法のことです。現代の国際政治を扱う際に、生徒たちはNewsPicksなどのコンテンツを使ってパレスチナ問題や中東の国際問題について調べ、Canvaのインフォグラフィックのテンプレートを編集して発表しました。

インフォグラフィックを作成することで簡潔に情報をまとめる必要があり、作成する生徒たちの思考の整理がスムーズに進み、とても学びが多い時間となりました。また発表を聞く生徒たちも「とても分かりやすかった」と感想を述べていました。

第7章

ホワイトボードを授業で活用しよう

この章では、スライドをホワイトボードに展開して活動スペースを広げる方法と、付箋を使って意見を共有し、内容で並べ替える方法について解説します。

→使用するファイルの一覧は以下からダウンロードしてください。
https://book.impress.co.jp/books/1124101021

Lesson 44 ホワイトボードの機能を活かそう

プレゼンテーションスライドをホワイトボードに変更すると、スペースが大きく拡張され、アイデアを広げることができます。

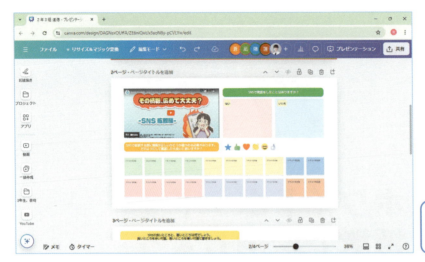

［プレゼンテーション］のページの外側に画面を拡張できる

1 | 生徒たちの意見を内容で分類できる

生徒に［付箋］に意見を記入させた後、カラー別や名前別に簡単にグルーピングできます。意見をまとめた後の活動に重きを置きたいときに、効率よく授業を進行できます。

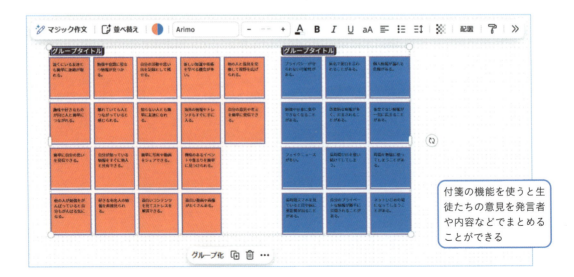

付箋の機能を使うと生徒たちの意見を発言者や内容などでまとめることができる

2 | こんなものも作れる

マインドマップなど多くの意見をまとめたいときに活用できる

> **? Hint**
> **教師と同じ画面を表示させたいときには**
> 単元内で同じホワイトボードを利用して授業を進行すると全体の流れが一目で分かりますが、範囲が広くなると本時の授業がどこか分かりにくくなります。その場合、右上の教師のアイコンを選択すると、教師と同じ画面に遷移できます。

Lesson 45

教材の準備をする

➔ 使用するファイルの一覧は以下からダウンロードしてください。
https://book.impress.co.jp/books/1124101021

授業の流れに応じてページや付箋を追加しましょう。Canvaの活用が進むと生徒ができることが増え、事前の準備が少なくなります。

1 | テンプレートを開く

92ページを参考にテンプレートを表示しておく

1. ここをクリック

2. 学年と組を入力

必要に応じて教科名も変更する

2 | 教材の内容を確認する

- 教材の他のページを確認する
- 2ページ目には次のレッスンでYouTube動画を挿入する
- 授業では生徒たちが付箋に自分の名前と意見を入力する

- 3ページ目は生徒が賛成意見と反対意見を自由に記入する

- 4ページ目には生徒がこの授業の振り返りを記入する

❓ Hint

[付箋] を活用しよう

テキストボックスではなく付箋を活用することで、記入者の名前を自動的に追加したり、トピックやカラーで簡単に並べ替えしたりすることが可能です。

[素材] で [付箋] を検索して表示する

[もっと見る] をクリックして名前の削除や追加ができる

chapter 7 ホワイトボードを授業で活用しよう

Lesson 46 教材にYouTube動画を挿入する

YouTube動画は［アプリ］の機能を使ってCanvaと連携できます。また、YouTube上で検索してURLを貼り付けて埋め込むことができます。

1 | YouTubeアプリを有効にする

教材の2ページ目を表示しておく

1. ［アプリ］をクリック
2. ［YouTube］と入力
3. Enter キーを押す

アプリが表示された

4. ［YouTube］をクリック

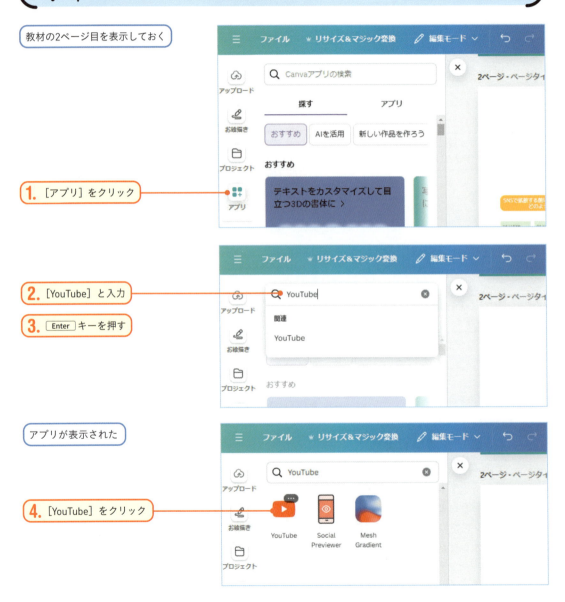

2 | 動画を挿入する

YouTube に公開されている動画を検索する

1. 「文部科学省　SNS拡散」と入力
2. [Enter] キーを押す

検索結果が表示された

3. この動画をダブルクリック

動画へのリンクが画面付きでページに挿入された

4. 図形と同じ操作で大きさや位置を調整

ここをクリックするとリンク先を変更できる

ページに動画へのリンクが挿入された

YouTube 上で動画を検索してリンクを貼り付けることでも挿入できる

画面をダブルクリックしてからクリックすると動画が再生される

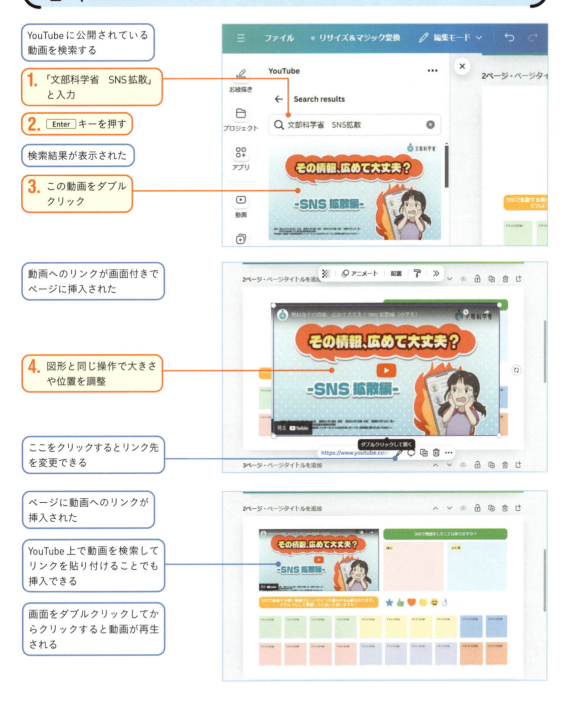

Lesson 47 授業で動画を視聴する

Canvaアプリ内で動画の視聴と付箋への書き込みの両方ができます。付箋の基本的な使い方と名前の表示方法を確認しておきましょう。

1 | Canvaに生徒を参加させる

126ページを参考にGoogle Classroomなどの［課題］機能を使って生徒をCanvaに誘導しておく

1. 生徒が全員参加できているか確認

2. ここをダブルクリック
3. もう一度クリック

YouTube動画の再生がスタートする

YouTube動画の再生が終わった

4. 生徒にSNSの使用経験があるか答えてもらう

下にあるアイコンをコピー＆ペーストして回答させる

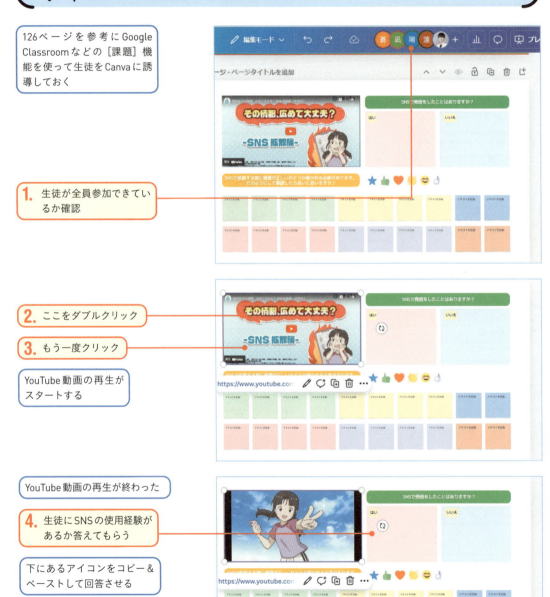

2 ｜生徒に付箋の使い方を説明する

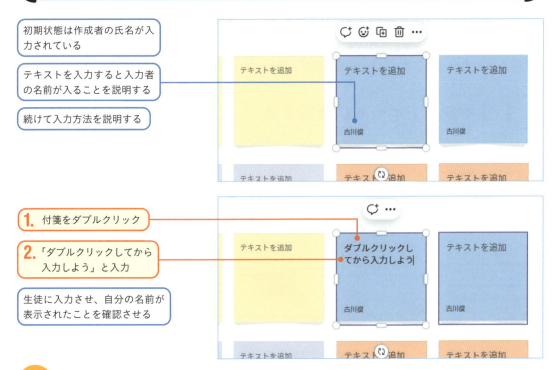

初期状態は作成者の氏名が入力されている

テキストを入力すると入力者の名前が入ることを説明する

続けて入力方法を説明する

1. 付箋をダブルクリック

2. 「ダブルクリックしてから入力しよう」と入力

生徒に入力させ、自分の名前が表示されたことを確認させる

Hint

［付箋］の名前を入力・削除するには

付箋は名前の表示・非表示を切り替えることができます。匿名で意見を集めて整理したい場合には、事前に［名前を削除］をクリックしてから付箋を複製しましょう。

付箋をクリックしておく

1. ［もっと見る］をクリック

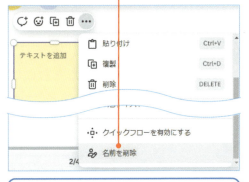

2. ［名前を削除］をクリック

氏名が入力可能な状態にするには再度［もっと見る］をクリックして［氏名を入力］をクリックする

Lesson 48 プレゼンテーションを ホワイトボードに展開する

付箋を貼るスペースが足りなくなったら、ホワイトボードに展開してディスカッションの場を広げ、アイデアを出し合いましょう。

1 | ホワイトボードに展開する

生徒が付箋を外側に広げられるようにプレゼンテーションをホワイトボードに展開する

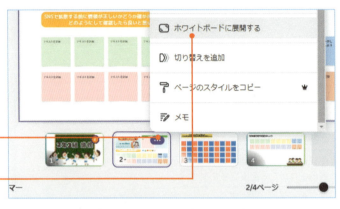

1. ここをクリック
2. [ホワイトボードに展開する] をクリック

プレゼンテーションがホワイトボードに展開された

💡 Tips

ホワイトボードを折りたたむには

展開したホワイトボードはプレゼンテーションページに戻すことができます。折りたたむことでちょうど良いサイズに調整されます。

ここをクリックして元の [プレゼンテーション] と同じサイズに戻せる

2 | タイマーで回答時間を表示する

1. ［タイマー］をクリック
2. 半角数字で分と秒を入力
3. ［タイマーを開始］をクリック

生徒の画面ではこのように表示される

回答時間が終了したら生徒の入力を締め切る

空白の付箋がある場合は以下のTipsを参考に削除しておく

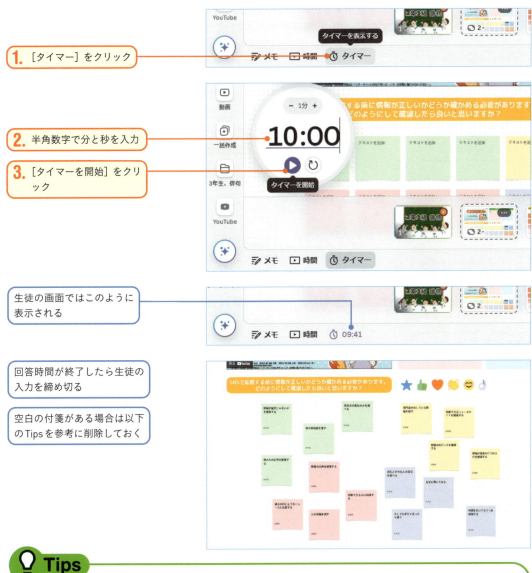

💡 Tips

不要な付箋を削除しておく

空白の付箋を残しておくと、付箋を整理する機能を使ったときに、意見が書かれた付箋とまざってしまいます。使わなかった付箋は削除しておきましょう。

空白の付箋は削除しておく

chapter 7　ホワイトボードを授業で活用しよう

151

Lesson 49 付箋を並べ替える

アイデアを収束するための有効な手段です。自動でグルーピングできる3つの方法を確認して授業の中で効果的に活用しましょう。

1 | 名前ごとに並べ替える

付箋をすべて選択する

1. 付箋が含まれる範囲をドラッグ
2. ［並べ替え］をクリック
3. ［名前別］をクリック

生徒の名前別に整列した

元のレイアウトに合わせて移動しておく

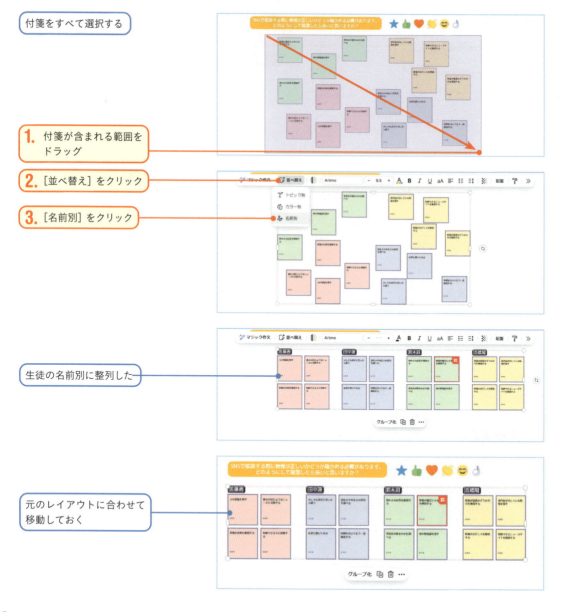

2 | 色で並べ替える

3ページ目を表示しておく

ここでは生徒に無記名で赤い付箋に賛成意見、青い付箋に反対意見を書いてもらう

生徒が意見を書き終えたら空白の付箋を削除しておく

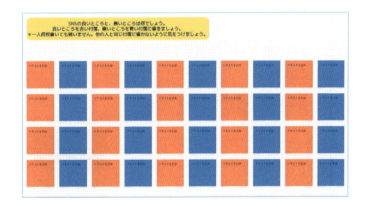

意見が書かれたすべての付箋を選択しておく

1. [並べ替え] をクリック
2. [カラー別] をクリック

付箋がカラー別に並べ替えられた

グループタイトルをクリックしてタイトルを入力する

❓ Hint

トピック別で並べ替える

付箋に書かれた内容をもとに並べ替えることができる[トピック別]も試してみましょう。AIによるグループ整理から、新しい視点や解釈を得ることも可能です。

chapter 7 ホワイトボードを授業で活用しよう

Tips

［各生徒用の新しいデザイン］を使うには

1つのデザインを共同編集することで、生徒は相互参照しながら授業を進められます。一方で、練習問題や発表資料の作成など、個人ワークとして利用させたい場合には、生徒がそれぞれのデザインで作業できるようテンプレートの配布を試してみましょう。

教員の画面

［このデザインを共有］画面を表示しておく

1. 128ページを参考にリンクの範囲を設定
2. ［表示可］に設定
3. ［課題］をクリック

4. ［タイプを選択］をクリック
5. ［各生徒用の新しいデザイン］をクリック

Google Classroom などで課題として設定する

生徒の画面

生徒がリンクをクリックして Canva に参加すると右の画面が表示される

1. ［新しいデザインにテンプレートを使用］をクリック

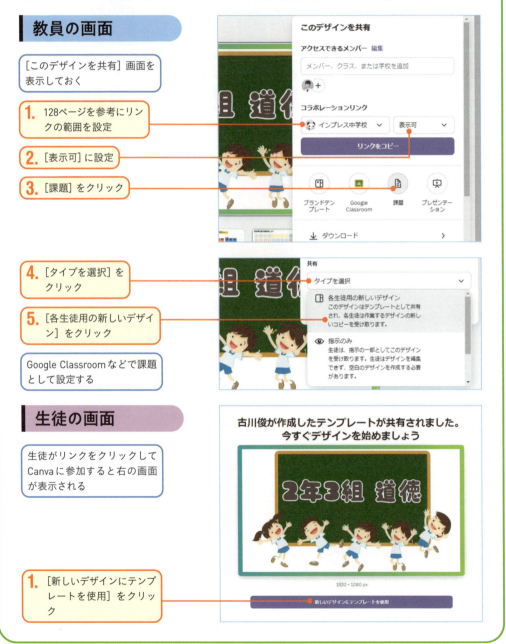

時間と場所が自由な学級会開催

寄稿：埼玉県公立小学校 大野翔

小学校にお勤めの大野翔先生による活用事例です。学級会の中でCanvaをどのように活用されているのかチェックしましょう。

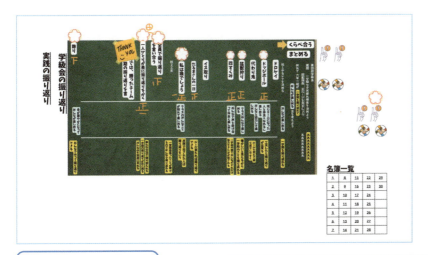

Canvaで学級会の準備を大幅に短縮できる

学級会の内容は印刷して掲示する

自在に拡張できるホワイトボードが大活躍

学級会はクラスをよりよくするために大切なものです。しかし、「準備が大変」「授業内に終わらない」などの理由で先生方に避けられがちです。しかし、Canvaの機能を使うことでそれらの問題を解決するための手立てとなります。Canvaを使えば、提案理由の作成から事前準備、当日の板書までプレゼンテーション1つで作ることができます。

特に［ホワイトボードに展開］を使うことで、ページが広大なホワイトボードになります。そこに黒板の素材や色付きの短冊、注目マーク等の素材を使って、「自由自在に拡張できる板書」を作ることができます。児童は時間と場所に縛られず学級会の準備ができ、本番も共同編集でスムーズに学級会を進行できるようになります。

活用事例

付箋の並べ替えで観点を整理

寄稿：大阪府公立中学校 藤井海

中学校にお勤めの藤井海先生による活用事例です。国語の授業の中でCanvaをどのように活用されているのかチェックしましょう。

「走れメロス」の登場人物を生徒とまとめた

AIが作成したタイトルについても吟味する

作品についての感想をホワイトボードで共有

国語の授業では生徒の考えを「拾い」「広げ」「深める」ことが大切です。初読の感想、発問に対する意見などを、生徒とホワイトボードを共有し、「並べ替え」で一気に整理できます。生徒が個別に付箋を複数枚作成する場合は「名前別」で並べ替えます。賛成派はピンク色、反対派は緑色など、立場による色分けをした場合には「カラー別」を使います。

雑多に意見が出てくるシーンでは「トピック別」の並べ替えをします。このとき、Canvaの機能で自動でタイトルまで付けて分類してくれます。ここで大切なのが、このタイトルについて吟味する活動を折りまぜることです。AIが生成した言葉を皆で根拠を大切にしながら吟味することで、学習に対する観点を整理することができます。

第8章

便利な機能を使ってみよう

この章では、ドキュメントを作ってプレゼンに変換する方法と、手書きができるお絵描きやAIを活用した文章と画像生成の方法について解説します。

Lesson 50 最新機能やAIを使ってみよう

2024年7月のアップデートでCanvaがさらに使いやすくなりました。最新機能やAIを活用して生徒の創造性を高めていきましょう。

新しいインターフェイスとなりさらにデザインを始めやすくなった

1 | 最新機能を試してみよう

ハイライトブロックが追加され、さらに魅力的なビジュアルでドキュメントを作成できるようになりました。AIの精度も向上し、より利用しやすくなっています。

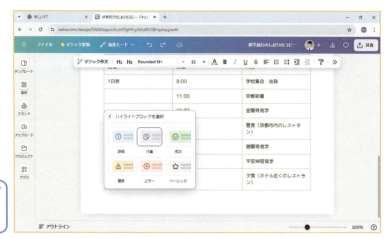

最新機能を使ってデザインをよりバラエティ豊かなものにする

2 ｜[マジック] 機能を活用しよう

AIに文章の下書きを行わせることができる

画像生成AIで手軽に挿絵を生成できる

> **Hint**
>
> **画像生成を授業で活用するには**
>
> 生徒の理解を支援し、創造性を刺激するために画像生成を活用していきましょう。物語の情景や登場人物を視覚的に表現する活動や、生成された画像から新たなアイデアやインスピレーションを得る活動に取り入れることで、学習意欲を高め、より深い理解と豊かな創作が可能になります。

Lesson 51 ドキュメントを使ってみよう

ビジュアル重視の文書を作るならドキュメントを使ってみましょう。動画、画像、グラフィックなどを使用した文書をデザインできます。

1 | 白紙のドキュメントを開く

1. ［デザインを作成］をクリック

2. ［ドキュメント］をクリック

［ドキュメント］の画面が表示された

> **Hint** ［ドキュメント］と［プレゼンテーション］の違い
>
> ドキュメントではテキストボックスを追加せずにテキストを入力できます。文章の入力に向いていますが、写真などの素材やテキストの位置を自由に移動させることはできません。

2 | 文字を入力する

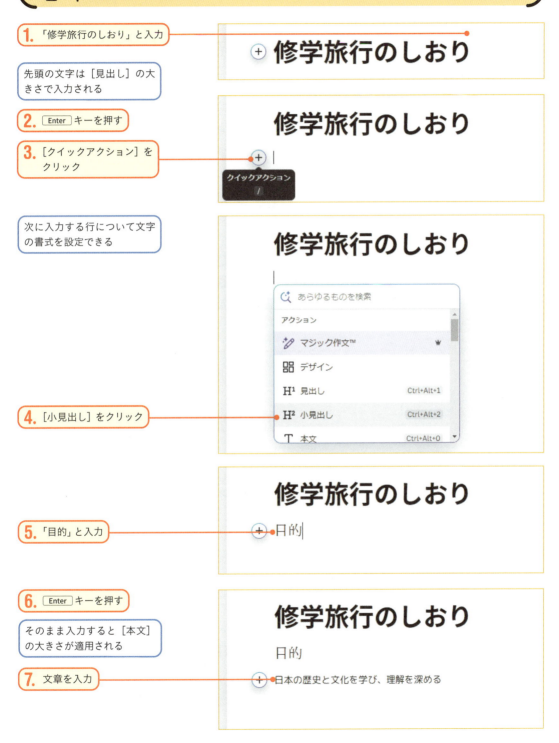

1. 「修学旅行のしおり」と入力

先頭の文字は［見出し］の大きさで入力される

2. Enter キーを押す

3. ［クイックアクション］をクリック

次に入力する行について文字の書式を設定できる

4. ［小見出し］をクリック

5. 「目的」と入力

6. Enter キーを押す

そのまま入力すると［本文］の大きさが適用される

7. 文章を入力

3 | 箇条書きを設定する

箇条書きにする文章を入力しておく

1. 箇条書きにする文章をドラッグして選択
2. ［箇条書き］をクリック

選択した部分に箇条書きが適用された

余白の部分をクリックして選択を解除する

💡 Tips

チェックリストに変更するには

［箇条書き］をもう一度クリックすると［番号付きリスト］、さらにもう一度クリックして［チェックリスト］に変更することができます。

クリックすると箇条書きの種類が変更される

4 | 行間隔を変更する

行間隔を変更する文章を入力しておく

1. 箇条書きにする文章をドラッグして選択

2. ［スペース］をクリック

3. ドラッグして［行間隔］を「0.9」に変更

変更後の行間隔がプレビューされる

余白の部分をクリックして確定する

💡 Tips

文字の間隔を変更するには

行間隔だけでなく、文字の間隔もドラッグして簡単に調整が可能です。余白を意識して読みやすいように調整しましょう。

文字と文字の間の距離を調整できる

Lesson 52 ビジュアルを強化する

プレゼンテーションと同様に、表やグラフの挿入、デザインの埋め込みができます。ここではドキュメントにしかない機能を紹介します。

1 | 区切り線を挿入する

区切り線を入れる次の行の先頭にマウスカーソルを移動しておく

1. ［クイックアクション］をクリック

2. ［区切り線］をクリック

マウスカーソルのある行の上に区切り線が挿入された

行の文末にカーソルを移動すると行の下に区切り線が挿入される

💡 Tips

アウトライン表示を使ってみよう

見出しやハイライトブロックで追加したテキストはアウトラインとして自動的に表示されます。文章内の整理や移動にとても便利な機能です。

画面左下の［アウトライン］をクリックすると表示できる

2 ハイライトブロックで装飾する

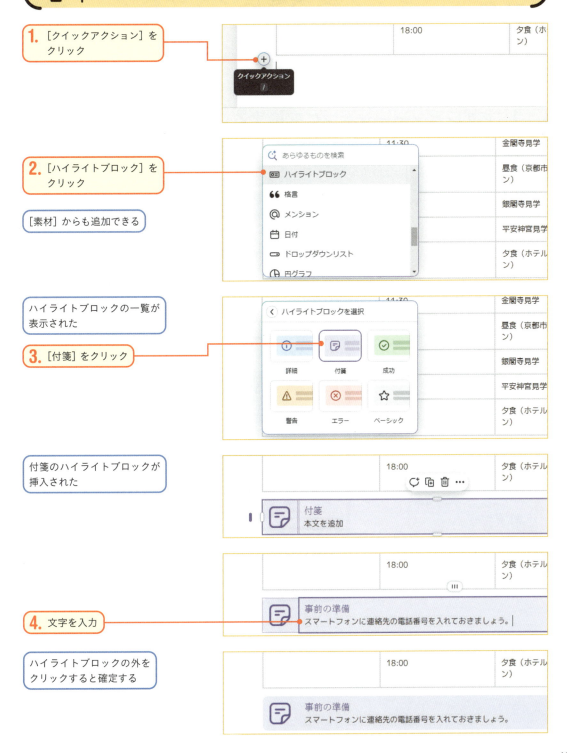

1. [クイックアクション] を
クリック

2. [ハイライトブロック] を
クリック

[素材] からも追加できる

ハイライトブロックの一覧が
表示された

3. [付箋] をクリック

付箋のハイライトブロックが
挿入された

4. 文字を入力

ハイライトブロックの外を
クリックすると確定する

Lesson 53 マジック変換を使ってみよう

→ 使用するファイルの一覧は以下からダウンロードしてください。
https://book.impress.co.jp/books/1124101021

マジック変換を使うとドキュメントで作成したデザインをそのままプレゼンテーションに変換することができます。逆の操作も可能です。

1 | プレゼンテーションに変換するには

ドキュメントの画面を表示しておく

1. [マジック変換]をクリック

2. [プレゼンテーションに変換]をクリック

デザインを選択する画面が表示された

3. ここをクリック

4. [プレゼンテーションを作成]をクリック

新しいタブでプレゼンテーションが作成された

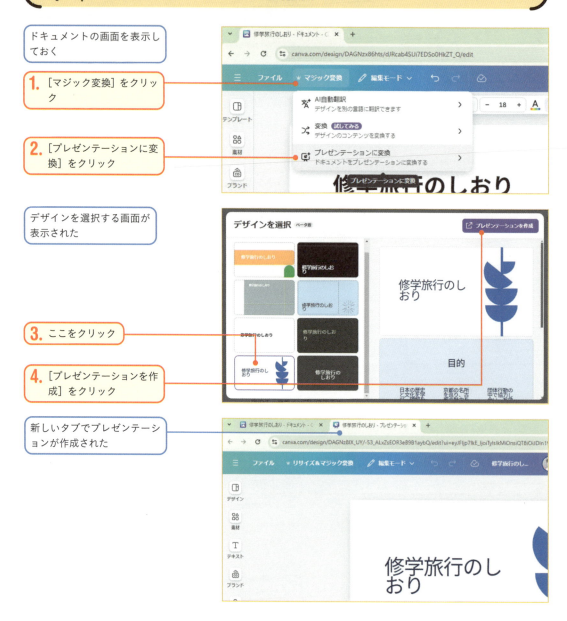

2 ドキュメントに変換するには

プレゼンテーションの画面を表示しておく

1. ［リサイズ＆マジック変換］をクリック
2. ［ドキュメントに変換］をクリック

変換スタイルを選択する画面が表示された

3. ここをクリック

4. ［すべてのテキスト］をクリック

次に表示される画面で［ドキュメントに変換］をクリックする

5. ［ドキュメントを開く］をクリック

別ウィンドウでドキュメントが表示された

文章が記事のような形で作成される

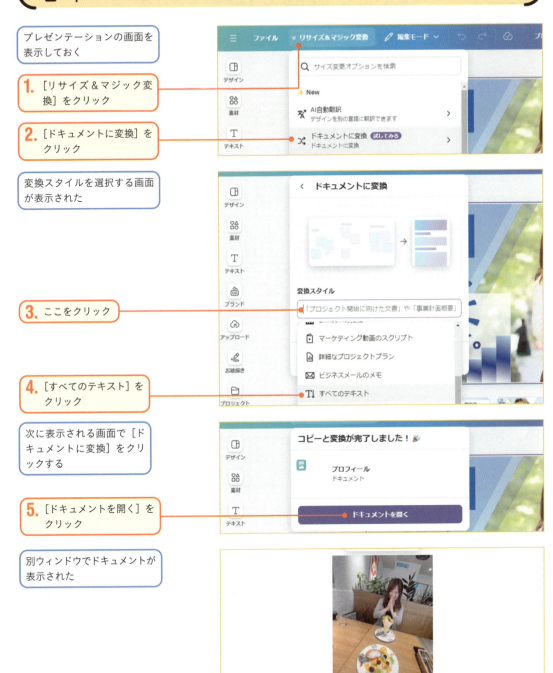

Lesson 54 お絵描き機能を使ってみよう

手書きの文字やイラストを追加することができます。ドキュメント以外のプレゼンテーションやホワイトボードで試してみましょう。

1 | お絵描き機能を表示するには

プレゼンテーションまたはホワイトボードを開いておく

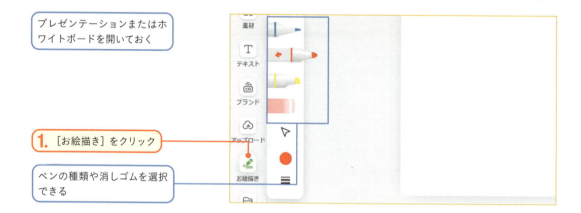

1. ［お絵描き］をクリック

ペンの種類や消しゴムを選択できる

💡 Tips

ペンの色や太さを変更してみよう

ペン、マーカー、ハイライトの3種類があり、色や太さ、透明度を細かく調整することができます。消しゴムは太さのみ調整できます。

ここをクリックすると色を設定できる

ここをクリックすると線の太さや透明度を設定できる

2 │ 直線を引くには

1. [Shift]キーを押しながらドラッグ

直線が引けた

3 │ 描画アシストを使うには

1. 円を描く

2. 最初と最後の点をつなげて1秒間待つ

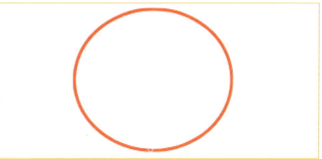

描画アシストによって整形された

三角形や四角形、星型なども描画できる

> **Hint**
>
> **スライドなどへの書き込みに使おう**
> 授業用のスライドに書き込み、補足の説明を簡単に行うことができます。観察したものをデザインしたり、数式や図を書いたりするときに、生徒のノートとしても活用できます。

Lesson 55 AIを活用しよう

文章や画像の生成もCanva内で利用できます。文章作成のたたき台や、イメージ共有のツールとして活用してみましょう。

1 | 文章の下書きを作る

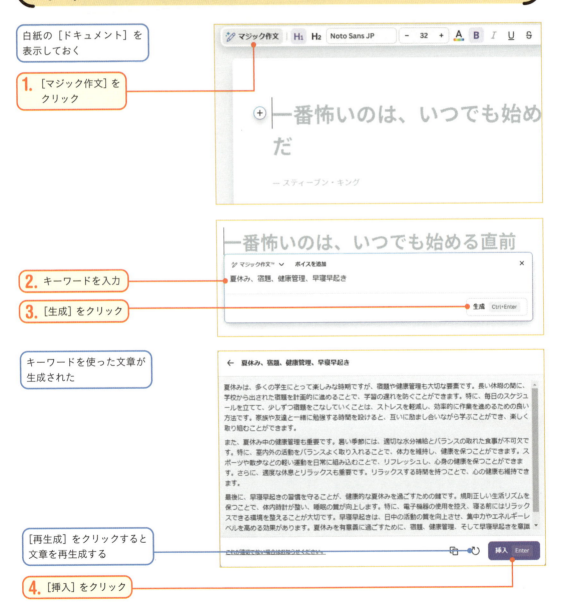

白紙の［ドキュメント］を表示しておく

1. ［マジック作文］をクリック
2. キーワードを入力
3. ［生成］をクリック

キーワードを使った文章が生成された

［再生成］をクリックすると文章を再生成する

4. ［挿入］をクリック

2 | 文章を要約する

要約したい文章を選択しておく

1. ［クイックアクション］を
クリック

2. ［短縮］をクリック

文章が要約された

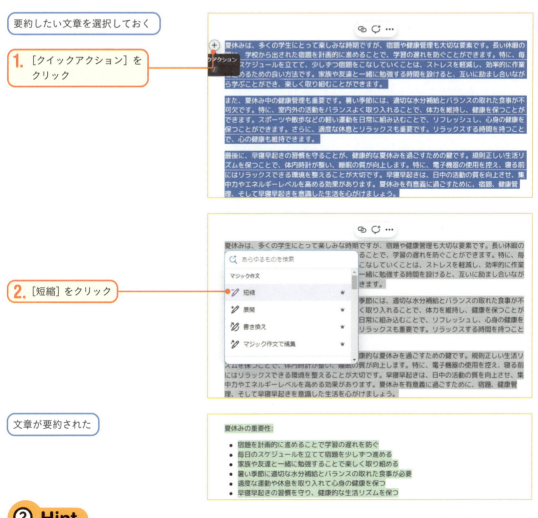

💡 Hint

他の機能も試してみよう

続きを自動で作文、要約、書き換えなど、ドロップダウンリストからテキストの処理方法を選択できます。入力したテキストや文書で使用したテキストに基づいて処理が行われるため、文脈と指示を詳細に与えるほど結果が良くなります。2024年7月現在、マジック作文を利用できるのはCanva教育版の管理者と教員のみで、生徒は利用できません。

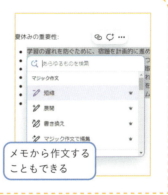

メモから作文することもできる

3 | 画像を生成する

ここでは [ドキュメント] の画面で操作を説明する

1. [素材] をクリック
2. [独自のものを生成する] をクリック
3. 作成したいもののキーワードを入力

[インスピレーションを得る] をクリックするとAIがキーワードを提案してくれる

[スタイル] を変更すると絵柄を変えることができる

4. [画像を生成] をクリック

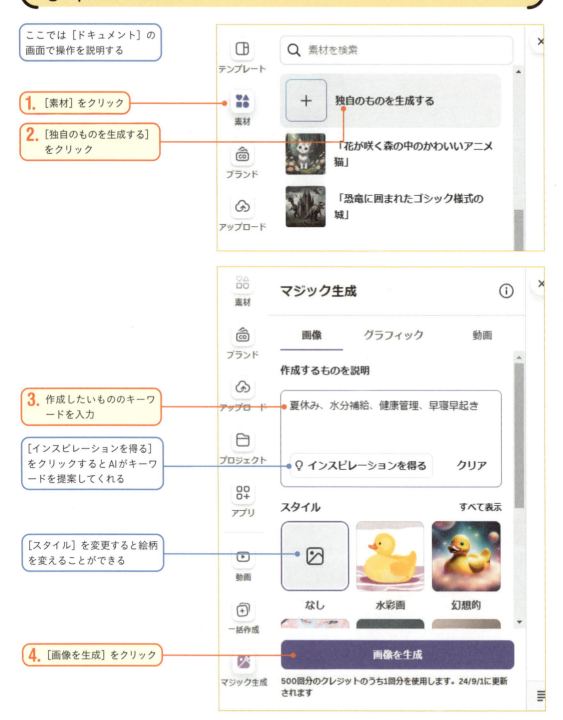

4 ｜生成した画像を確認する

画像が生成された

1. 気に入った絵柄をダブルクリック

［再生成する］をクリックすると画像が再生成される

❓ Hint

Canvaの利用規約を確認しておこう

Canvaに限らず、新しいアプリケーションを利用する際には必ず利用規約を確認しましょう。年齢制限や生成した画像の著作権などの最新情報を確認する必要があります。Canvaの「AIサービスに関する利用規約」には、「人間として成長する」よう努め、有害なコンテンツを作成しないようにと記載されています。また、Canvaの利用規定に違反するAIサービスの使用が判明した際には、アカウントを中断または一時停止する場合があるとも記載されています。利用規約をしっかり確認して利用すれば危険ではなく、不適切なコンテンツを生成する可能性がある用語の入力プロンプトを自動的に確認するなど、何層もの安全対策が講じられています。創造的な学びを実現するためにも、利用規約を確認し、社会で生き抜くために必要な能力を一緒に身に付けていきましょう。

Lesson 56 プレゼンテーションの活用ワザ

プレゼンテーションの時間を指定しておき、自動再生やダウンロードして利用できます。動画をアップロードして編集も可能です。

1 | 再生時間を編集するには

108ページを参考にサムネイルを表示しておく

1. [時間] をクリック

各ページの再生時間が表示された

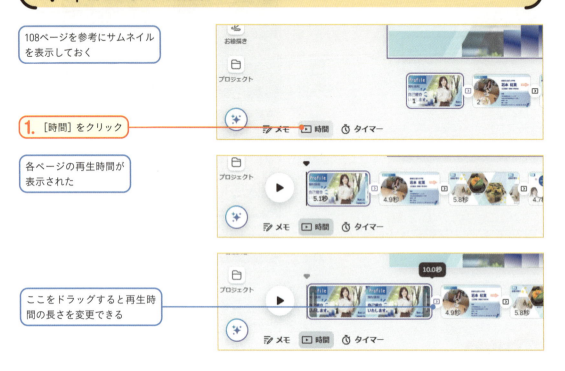

ここをドラッグすると再生時間の長さを変更できる

クリックすると選択した部分でページが分割される

2 ｜自動再生するには

プレゼンテーションの画面を表示しておく

1. ［プレゼンテーション］をクリック

2. ［自動再生］をクリック

プレゼンテーションの内容が自動再生される

3 ｜アップロードした動画を編集するには

動画を入れるプレゼンテーションを開いておく

93ページを参考に動画ファイルをアップロードしておく

1. 動画ファイルをクリック

ページに動画が挿入される

「動画を編集」をクリックするとフィルター機能などを適用できる

2. ［時間］をクリック

動画の内容を編集できる

[新しいレッスン] を試してみよう

複数のデザインに順番を付けて、1つのレッスンとして生徒に割り当てることができます。生徒は資料の確認やデザインを作成でき、教師は[報告]タブからそれぞれの生徒の進捗状況を把握することができます。

[プロジェクト] 画面を表示しておく

1. [新しく追加] をクリック

2. [レッスン] をクリック

[新しいレッスン] の画面が表示された

3. [新しく追加] をクリック

作成したデザインに順番が付けられており、ここでは「アクティビティ」と呼ばれる

4. [デザインを選択] をクリック

プロジェクトなどを選択する

5. [レッスンを割り当てる] をクリック

クラスにレッスンを割り当てることができる

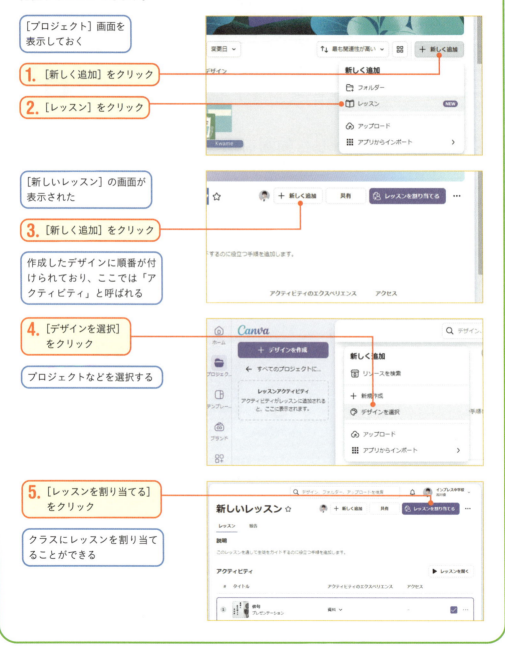

生徒と一緒に動画を作成

寄稿：大阪府公立小学校 恩地麻里

小学校にお勤めの恩地麻里先生による活用事例です。Canvaを使って子どもたちが撮影した動画の編集を行っています。

グループ学習で動画を撮影し、Canvaで編集

生徒が調べたことを各自でプレゼンテーションに入力

外国語授業で生徒と動画編集に挑戦

6年生の外国語授業で、Canvaを使ったワクワクする動画編集に挑戦しました！　単元の目標は「おすすめの国のPR動画を作って、未来の6年生をワクワクさせよう！」です。まず、グループで紹介したい国を選び、Canvaのプレゼンテーション機能で共同編集しながら授業の単元計画を立てます。次に動画を撮影し、Canvaの動画編集機能で仕上げます。

完成した動画はポータルサイトで公開。Canvaの直感的な操作性、多彩なテンプレート、クラウドベースの環境が、子どもたちの主体的な学びを強力にサポートします。こうして、効率的で効果的な授業が実現し、子どもたちは大興奮。皆さんも、Canvaを使って子どもたちと一緒にワクワクしませんか？

> **活用事例**

クラス専用のWebサイトを作成

寄稿：神奈川県公立小学校 岡田太郎

小学校にお勤めの岡田太郎先生による活用事例です。子どもたち専用の学級ホームページをCanvaで作成して運用されています。

小学生向けの学級ホームページを作成

タイピングができない生徒も自由に使える

デジタルツールで生徒とやり取り

学級ホームページを使えば、タイピングが不得意な1年生もGIGA端末を存分に活用できます。発達段階に応じたカスタマイズができ、デザインやリンク先を学年に合わせて調整することが可能です。
このWebページでは、各ボタンを押した先にはCanvaで作成したデザインがあり、直感的な操作で学ぶことができます。「時間割」ボタンから1週間の予定を確認したり、「先生へのお手がみ」ボタンで教師に直接メッセージを送ったりできます。デジタルツールを通じて、話すのが苦手な子どもたちも気軽に気持ちを表現できるので、とても重宝しています。

付録 特製テンプレート集

本書の読者向けに、さまざまなシーンで使えるテンプレートをご用意しました。本書の154ページを参考に、共有されたファイルをコピーしてお使いください。

全学年向け

1 | 学年だより

掲示物コーナーなどの先頭に使う目印です。学年の部分や文字などは変更可能です。内容を編集する方法は32ページを参考にしてください。

小学校低学年向け

2 ｜掃除当番表

中央の数字が入った円を回転して使います。円は別ファイルになっているので、プリントアウトして組み合わせて使いましょう。

小学校中学年向け

3 | 給食当番表

当番の名前を空欄に入れて使う当番表です。表をホワイトボードなどに貼って、名前が入ったプレートやマグネットなどを空欄に入れて使いましょう。

小学校高学年向け

4 | 音読カード

国語などの授業で使える音読カードです。プリントしたものを生徒に配布しましょう。
裏面のデザインもあります。

中学校・高校向け

5 | 学級だより

配布したり掲示したりして使える学級だよりのテンプレートです。ヘッダーの写真とページの色を組み合わせたデザインになっています。

全学年向け

6 ｜自己紹介シート

生徒用の自己紹介シートです。小学生向け、中高生向けの2種類があります。生徒にテンプレートを配布する方法は127ページを参考にしてください。

中学校・高校向け

7 | プロフィール

90ページでも紹介した、先生向けプロフィールのテンプレートです。レッスンに登場したものの他、5色のカラーバリエーションを用意しました。

中学校・高校向け

8 | 修学旅行のしおり

学校行事のプログラムなどに使えるテンプレートです。表紙と裏表紙のデザインで、山折りにして中に他のページを挟んで使います。

小学校向け

9 | 賞状（縦書き）

スポーツ大会などの行事に使える、オーソドックスな表彰状です。順位によって色を変えてもよいでしょう。文字が横書きのものは次ページにあります。

中学校・高校向け

10 ｜ 賞状（横書き）

文字を横書きにした表彰状です。海外の賞状のようなイメージなので、中高生向けです。用紙サイズは前ページの賞状と同じです。

Index 索引

アルファベット
- Canvaのホームページ ... 16
- Google Classroomで共有 ... 121
- Google Classroomのヘッダー ... 28
- YouTubeアプリ ... 146

ア
- アウトライン表示 ... 164
- アカウント ... 17
- 新しいカラーを追加 ... 77
- 新しいデザインにテンプレートを使用 ... 92
- 新しいレッスン ... 176
- アップロード ... 93
- アップロードガイド ... 20
- アニメーション ... 105
- アニメート ... 106
- アプリ ... 137
- 一括作成 ... 137
- イラストの色 ... 72
- インスピレーションを得る ... 172
- エフェクト ... 50
- お絵描き ... 168

カ
- ガイド ... 36
- 各生徒用の新しいデザイン ... 154
- 拡大及び縮小 ... 111
- 影付き ... 50
- 箇条書き ... 162
- カスタムサイズ ... 44
- 画像生成 ... 159
- 画像の挿入 ... 94
- 画像を生成 ... 172
- 課題 ... 126
- カラーのみ適用 ... 31
- 教育版の申請 ... 19
- 行間隔 ... 163
- 行の追加 ... 75
- 共有リンクで招待する ... 120
- 切り替えを追加 ... 108
- 均等配置 ... 60

クイックアクション ... 161
- 区切り線 ... 164
- グラデーション ... 45
- グラフィック ... 69
- グリッチ加工 ... 51
- グリッドビューを表示 ... 135
- グループ化 ... 57
- 罫線 ... 86
- 検索結果を絞り込む ... 30
- コードで招待する ... 122
- このテンプレートをカスタマイズ ... 31
- 小見出し ... 161
- コメントを送信 ... 134
- コメントを追加 ... 134
- コラボレーションリンク ... 127

サ
- 再生時間 ... 174
- 再生成する ... 173
- 最背面へ ... 95
- サムネイルの表示 ... 91
- 左右の画面を非表示にする ... 25
- 参加者ウィンドウ ... 113
- 時間 ... 174
- 自治体単位での申請 ... 23
- 自動再生 ... 175
- 氏名を入力 ... 149
- シャドウ ... 103
- 申請 ... 16
- 垂直に反転 ... 100
- 水平に反転 ... 100
- 図形の色 ... 53
- 図形の大きさ ... 54
- スケート ... 107
- スター付き ... 83
- スターを付ける ... 83
- ステッカー ... 104
- スプライス ... 51
- スペース ... 163
- 全てのページに適用 ... 109
- スライド ... 109
- 整列する ... 60

189

セルの選択方法	87	表の色	77
全画面表示	110	ファイルをアップロード	93
相互評価	134	フィルター	103
素材	52	フォント	34
素材を整列させる	56	フォントサイズ	35
		フォントの色	36
		フォントの大きさ	35

タ

タイマー	151
タイマーを開始	151
ダウンロード	38
ダブルトーン	103
短縮	171
チェックリスト	162
テキスト	46
テキストの色	37
テキストのみ適用	31
テキストボックスの操作	33
テキストボックスの調整	49
テキストボックスを移動	47
テキストボックスを追加	46
テキストを変更	33
デフォルトのテキストスタイル	46
テンプレート	28
動画の挿入	147
動画を編集	175
ドキュメント	160
ドキュメントに変換	167
独自のものを生成する	172
トランジション	109

ナ

名前を削除	149
並べ替え	152

ハ

バージョン履歴	119
背景除去	100
背景の色	45
配置	60
ハイライトブロック	158, 165
発表者モード	110
番号付きリスト	162
反転	100
表	74
描画アシスト	169

フォントの種類	34
複製	57
袋文字	79
付箋	145
フレーム	97
プレゼンテーション	90
プレゼンテーションに変換	166
プレゼンテーションを作成	166
プレゼンと録画	115
プロジェクト	24
ベースライン	106
編集画面	24
ホーム画面	24
ぼかし	103
ホワイトボード	142
ホワイトボードに展開する	150
ホワイトボードを折りたたむ	150
本文	161

マ

マジック機能	159
マジック切り抜き	102
マジック作文	170
マジックショートカット	114
マジック変換	166
見出し	46
無料版のアカウント	18
メールで招待	122
メンバーを招待	120
文字間隔	163

ラ

リサイズ&マジック変換	167
リモートコントロール	114
利用期間	22
レイヤー	95
列の追加	75

スタッフリスト

カバー・本文デザイン	米倉英弘（細山田デザイン事務所）

DTP	柏倉真理子
校正	株式会社トップスタジオ
デザイン制作室	今津幸弘
デスク	荻上　徹
編集長	藤原泰之

テンプレート作成

岩本紅葉（新宿区立富久小学校）

寄稿

渡邊 友紀子
にこ先生
関口 あさか
柴田 大翔
高森 崇史
的場 功基
宮内 智
吉川 牧人
大野 翔
藤井 海
恩地 麻里
岡田 太郎
※掲載順

■商品に関する問い合わせ先

このたびは弊社商品をご購入いただきありがとうございます。本書の内容などに関するお問い合わせは、下記のURLまたは二次元バーコードにある問い合わせフォームからお送りください。

https://book.impress.co.jp/info/

上記フォームがご利用いただけない場合のメールでの問い合わせ先
info@impress.co.jp

※お問い合わせの際は、書名、ISBN、お名前、お電話番号、メールアドレス に加えて、「該当するページ」と「具体的なご質問内容」「お使いの動作環境」を必ず明記ください。なお、本書の範囲を超えるご質問にはお答えできないのでご了承ください。

- 電話やFAXでのご質問には対応しておりません。また、封書でのお問い合わせは回答までに日数をいただく場合があります。あらかじめご了承ください。
- インプレスブックスの本書情報ページ https://book.impress.co.jp/books/1124101021 では、本書のサポート情報や正誤表・訂正情報などを提供しています。あわせてご確認ください。
- 本書の奥付に記載されている初版発行日から1年が経過した場合、もしくは本書で紹介している製品やサービスについて提供会社によるサポートが終了した場合はご質問にお答えできない場合があります。

■落丁・乱丁本などの問い合わせ先
FAX 03-6837-5023
service@impress.co.jp
※古書店で購入された商品はお取り替えできません。

先生のためのCanva入門
無料のデザインツールで生徒の創造力を引き出そう

2024年9月21日　初版発行

著　者　古川 俊
発行人　高橋隆志
編集人　藤井貴志
発行所　株式会社インプレス
　　　　〒101-0051 東京都千代田区神田神保町一丁目105番地
　　　　ホームページ　https://book.impress.co.jp/
印刷所　シナノ書籍印刷株式会社

本書の利用によって生じる直接的または間接的被害について、著者ならびに弊社では一切の責任を負いかねます。あらかじめご了承ください。

本書の内容はすべて、著作権法上の保護を受けております。本書の一部あるいは全部について、株式会社インプレスから文書の許諾を得ずに、いかなる方法においても無断で複写、複製することは禁じられています。

ISBN978-4-295-01979-4 C0037

Copyright © 2024 Suguru Furukawa. All rights reserved.
Printed in Japan